Cornelia Topf

Körpersprache für freche Frauen

Danksagung

Dieses Buch basiert auf vielfältigen, erfreulichen und weniger erfreulichen, überraschenden und vorhersehbaren Pleiten, Pech und Pannen.

Ich danke den vielen, vielen Teilnehmern meiner Seminare, die mir von Ihrer Erfahrung berichtet haben. Über deren Missgeschicke wir gemeinsam gelacht haben. Oder für die wir Lösungs- und Reaktionsmöglichkeiten erarbeitet haben.

Ich bedanke mich bei Karin Bauer, Margot Bauer, und Franz Miller ebenso wie bei Petra Gänsler und Lydia Litschel für ihre Bereitschaft, als Models zur Verfügung zu stehen.

Ich danke Klaus Harzenetter für seine Freundschaft und vielfältige Unterstützung.

Cornelia Topf

Körpersprache für freche Frauen

Sicher und selbstbewusst auftreten im Beruf

REDLINE WIRTSCHAFT
bei ueberreuter

Bibliografische Information Der Deutschen Bibliothek
Die Deutsche Bibliothek verzeichnet diese Publikation in der Deutschen Nationalbibliografie; detaillierte bibliografische Daten sind im Internet über http://dnb.ddb.de abrufbar.

http://www.redline-wirtschaft.de

Umschlaggestaltung: Vierthaler & Braun, München
Coverbild: Getty Images
Abbildungen: metatalk / Klaus Harzenetter
Satz: Fotosatz Reinhard Amann, Aichstetten
Druck und Bindearbeiten: Himmer, Augsburg
Printed in Germany 1076/010401
ISBN 3-8323-1076-2

Inhalt

Anmerkung

Um das Arbeiten mit diesem Buch für Sie möglichst einfach und effizient zu gestalten, haben wir wichtige Textpassagen mit folgenden Icons gekennzeichnet:

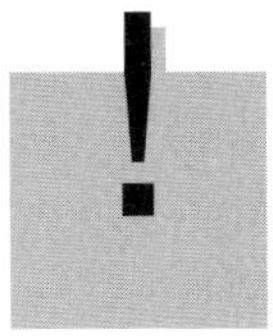

Achtung, wichtig

Aufgabe, Übung

Das sollten Sie auf jeden Fall vermeiden.

Beispiel

Tipp

Vorwort

Wenn eine Frau und ein Mann sich um einen Job bewerben, wer macht das Rennen? Wer kriegt für dieselbe Arbeit mehr Geld? Wer erntet für dieselbe Leistung mehr Anerkennung? Wer setzt in Meetings und Projektbesprechungen häufiger seinen Kopf durch? Wer lässt sich weniger oft unterbuttern? Richtig: der Mann; wenigstens im statistischen Mittel. Woran liegt das?
Es ist unbestritten, dass Frauen in vielen Branchen und Berufen die bessere Ausbildung, die besseren Noten, die höhere Fach-, Führungs- und Sozialkompetenz mitbringen. Aber wer wird bevorzugt, anerkannt und befördert? Richtig. Wessen Vorschläge finden häufiger Gehör bei „denen da oben"? Ebenfalls richtig. Frauen sind intelligent und kompetent – doch nutzt ihnen das was? Offensichtlich nicht genug. Sie sind mehrheitlich immer noch nicht dort, wo sie hingehören, wo sie selbst stehen möchten. In allen führenden beruflichen Positionen sind sie noch immer eklatant unterrepräsentiert. Im beruflichen Alltag ziehen sie immer noch häufiger den Kürzeren und bekommen nicht die Anerkennung, die sie für ihre Leistung längst verdienen. Woran liegt das?
Die Antwort ist so offensichtlich, dass wir sie jahrelang übersehen haben: Gute Noten, Intelligenz und Kompetenz sind zwar Voraussetzung, aber ganz offensichtlich nicht ausschlaggebend für berufliche und gesellschaftliche Anerkennung und Vorwärtskommen. Um es ganz direkt zu formulieren: Leistung wird nicht automatisch belohnt. Nicht die Besten kommen weiter. Warum nicht? Die Antwort ist im Sinne des Wortes augenfällig. Wir müssen lediglich die Augen aufmachen, um sie zu erkennen.

Abb. 1: Wen würden Sie befördern?

Betrachten Sie die beiden und stellen Sie sich vor, Sie sind ein Geschäftsführer, der eine Niederlassungsleitung neu besetzen muss. Wen würden Sie befördern? Das Erschreckende an diesem Bild ist: Auch die meisten Frauen, denen man es zeigt, würden nicht die Frau befördern. Stellen Sie sich vor, jeder der beiden macht einen Vorschlag. Wem würden Sie eher glauben, wenn es um Ihr Geld geht? Wem würden Sie eher ins Wort fallen, wenn Sie nicht einverstanden sind? Wem trauen Sie eher zu, sich durchzusetzen? Auch hierauf sind die Antworten eindeutig. Warum? Es ist offensichtlich: Weil die Frau nicht kompetent ist! Warum nicht? Weil sie nicht kompetent *ist*? Nein, weil sie nicht kompetent *scheint*. Der Kerl sieht einfach kompetenter, tougher, verlässlicher aus. Und dieser Eindruck entscheidet (leider).

Frauen wirken eher	Männer wirken eher
sympathisch, nett	kompetent, tough
zu weich fürs Business	hart und aggressiv
zurückhaltend, brav	forsch bis dominant
unterwürfig	arrogant

Oder noch einfacher: Frauen machen sich schmal, Männer machen sich breit! Und dieser Eindruck bestimmt, was sie bekommen. Die Körpersprache von Frauen sagt: „Bitte übersieh mich oder finde mich einfach nur nett!“ Die Körpersprache von Männern sagt: „Ich bin wichtig!“ Natürlich kann man diese Wirkung von Körpersprache als blödsinnig, ungerecht und gemein auffassen. Aber wenn selbst Frauen die abgebildete Frau nicht befördern würden, dann muss was dran sein an diesem Effekt des äußeren Anscheins. Männer haben offensichtlich den besseren Auftritt – deshalb bringen sie es weiter, deshalb setzen sie sich durch, deshalb bekommen sie das größere Stück vom Kuchen.
Gerade uns Frauen braucht man das nicht zu sagen. Wir wissen besser als jeder Mann, wie wichtig der äußere Eindruck ist – sonst wäre weder der Mini noch der Push-up erfunden worden! Wir wissen um die Wirkung eines gelungenen Äußeren – wenn es um ein Rendezvous geht, wenn es darum geht, sich einen Mann zu angeln. Aber wenn es darum geht, sich einen Job, eine Beförderung, mehr Gehalt zu angeln, sich gegen unverschämte Kunden, unkollegiale Kollegen, aufdringliche Chefs und aufmüpfige

Mitarbeiter durchzusetzen, scheinen die meisten Frauen von allen guten Geistern verlassen. Sie vergessen alles, was sie über die Macht des Eindrucks wissen, und benehmen sich bieder, devot und unterwürfig. Nicht so erfolgreiche Business-Frauen.

Betrachten wir Frauen, die es beruflich oder gesellschaftlich zu etwas gebracht haben und keine Männer geworden sind. Es fällt sofort eines auf, noch bevor die Frau den Mund aufmacht: starker Auftritt! Erfolgreiche Frauen kleiden sich anders, gehen anders, sitzen und stehen anders, sprechen, gestikulieren und gucken anders in die Welt als, pardon, die typische Sekretärin. Nichts gegen Sekretärinnen. Wenn ich glücklich bin als Sekretärin, darf ich auch wie eine aussehen. Aber wenn ich es weiterbringen möchte, wenn ich Projekt- oder Abteilungsleiterin werden, nicht ständig von Kollegen, Kunden und Mitarbeitern übersehen oder untergebuttert werden oder einfach nur eine bessere Bezahlung oder einen bessern Job ergattern möchte, darf ich nicht wie jemand aussehen, auftreten und wirken, der mit einem Sekretärinnen-Job ganz zufrieden ist!

So gesehen ist das Geheimnis des Erfolgs im Leben und im Beruf ganz einfach: Der Auftritt macht's! Natürlich müssen Sie auch kompetent sein. Doch wenn Ihre Erscheinung Ihre Kompetenz Lügen straft, nützt Ihnen auch ein Diplom summa cum laude nichts! Und wissen Sie, was noch besser ist? Der einzige Mensch, der über Ihren Auftritt bestimmt, sind Sie. Sie haben es in der Hand. Wie wirken Sie auf Ihre Umwelt? Reicht Ihnen die Wirkung, um das zu erreichen, was Sie sich erträumen? Nein? Dann lassen Sie uns gemeinsam an Ihrem Auftritt arbeiten.

Wenn Sie dieses Buch nach der letzten Seite aus der Hand legen, werden Sie einen starken Auftritt gewonnen haben. Sie werden eine ganz andere Wirkung auf Ihre Mitmenschen, auf Chef, Kollegen, Mitarbeiter, Geschäftspartner und Kunden haben. Sie müssen sich vor niemandem mehr verstecken. Sie werden nicht mehr übersehen, nicht mehr übergangen. Wie von Geisterhand geht danach vieles in Ihrem Leben leichter, schneller, weiter. Sie machen Eindruck. Sie setzen sich und Ihre Ideen durch. Sie be-

kommen die Anerkennung, die Ihnen zusteht. Ihre gute Leistung wird belohnt. Es werden sich Türen öffnen, die bislang für Sie verschlossen waren. Und vor allem: Sie werden sich gut dabei fühlen! Attraktiv, selbstbewusst, sicher, stark, frei und unvergleichlich. Nichts an diesem neuen starken Auftritt wird aufgesetzt sein. Denn Sie spielen keine Rolle. Das haben Sie nicht nötig. Sie haben es nicht nötig, sich zu verbiegen. Sie unterstreichen mit Ihrem neuen Auftritt einfach nur Ihre natürlichen persönlichen Stärken, die Sie bis jetzt unter den Scheffel gestellt haben. Je stärker Ihr Auftreten, desto zufriedener werden Sie sein.
Und das Beste daran: Sie werden Spaß dabei haben! Denn ein gelungener Auftritt macht Erfolg, und Erfolg macht Spaß.

Viel Spaß und Erfolg dabei!

Cornelia Topf

1 Frauen in der Männerwelt

Warum es Männer weiter bringen

Männer machen Karriere, Frauen machen in Familie.

Frauen haben es in der Männerwelt, in der wir leben, immer noch schwer. Männer machen Karriere, Frauen machen in Familie, sagt ein böser Spruch. Ein Blick in die Statistik bestätigt diesen Spruch. Frauen nehmen noch nicht einmal 5 Prozent der Spitzenpositionen in der Wirtschaft ein. Wenn drei Frauen und ein Mann sich um eine Stelle bewerben, wird in vielen Fällen paradoxerweise der Mann genommen. Bei gleicher Qualifikation von Bewerbern wird bevorzugt der Mann befördert. In Meetings werden häufiger die Vorschläge von Männern gehört und befolgt. Wenn es Debatten im Team gibt, einigt man sich meist auf den Vorschlag eines Kollegen. Wenn ein Mann und eine Frau dasselbe leisten, bekommt der Mann mehr Anerkennung (und Gehalt) dafür. Weil Frauen die schlechteren Ideen haben, weniger leisten? Nein, meist im Gegenteil. Warum dann?

Eine der häufigsten Antworten auf diese Frage: „Weil Männer Schweine sind." Mag sein – doch was sagt der Mann dazu? Fragt man Personalchefs und Fachabteilungsleiter, warum sie den Mann und nicht die Frau genommen oder befördert, zum Key Accountant oder Projektleiter gemacht haben, fällt auffallend oft eine Antwort wie: „Die Frau Müller ist zweifellos sehr fachkompetent. Aber diesen Job (Auftrag, Projekt, Kunden …) traue ich ihr einfach nicht zu." Warum um Himmels willen denn nicht? Machen wir die Augen auf.

Abb. 2: Wer von beiden bringt es beruflich weiter?

Was sagt Ihr Bauch?

Schauen Sie die beiden Kollegen an und hören Sie auf Ihren Bauch. Was sagt er? Nun stellen Sie sich vor, Sie sind Chefeinkäufer eines Maschinenbau-Unternehmens und müssen für den Bau einer Spezialanlage Ihren Kundenbetreuer wählen. Hören Sie auf Ihren Bauch. Wen von beiden Kandidaten wählt er? Die Antwort fällt eindeutig aus. Einige Seminarteilnehmer antworten auf die Frage auch: „Natürlich den Mann – und nicht seine Sekretärin!" Das passiert in der Praxis übrigens laufend: Die Frau wird automatisch als die Sekretärin, Assistentin oder Mitarbeiterin des Mannes angesehen, auch wenn sie gleichgestellt oder sogar vorgesetzt ist! Das liegt nicht daran, wie gerne angenommen, dass sich unsere Gesellschaft noch immer nicht daran gewöhnt hat, dass eine Frau höher gestellt ist als der sie begleitende Mann. Das liegt an etwas ganz anderem:

> Männer benehmen sich quasi automatisch wie Vorgesetzte, auch wenn sie keine sind. Frauen benehmen sich ebenso automatisch wie gewöhnliche Mitarbeiterinnen, auch wenn sie vorgesetzt sind.

Daran ist nicht etwa ein versteckter weiblicher Drang zum Masochismus schuld, sondern der Tootsie-Effekt.

Der Tootsie-Effekt

Frauen wirken anders als Männer, weil sie anders auftreten als Männer. Kino-Hits wie „Manche mögen's heiß", „Ein Käfig voller Narren", „Victor-Victoria", „Charly's Tante", „Tootsie" oder „Mrs. Doubtfire, das stachelige Kindermädchen" weiden diesen Unterschied kräftig aus. Im Film sieht es lustig aus, wenn Dustin Hoffmann beide Hände in die Höhe wirft, die Augen rollt und mit hoher Stimme kreischt: „Sie alter Lüstling!" Was ist so lustig daran? Offensichtlich die weibliche Körpersprache. Natürlich ist diese Sprache im Film maßlos überzeichnet. Doch was im Film lustig ist, ist im wirklichen Leben einfach nur diskriminierend.

Dick und Doof

Frauen werden nicht so sehr deshalb diskriminiert, weil sie Frauen sind, sondern vor allem, weil sie eine andere Körpersprache sprechen. Dass nicht das Geschlecht, sondern die Körpersprache schuld ist, erkennen wir verblüfft daran, dass selbst Männer diskriminiert werden, wenn und sobald sie die weibliche Körpersprache adoptieren. Musterbeispiel ist für die, die sich noch erinnern können, Stan Laurel von „Dick und Doof". Er spielte den Doof. Warum Doof? Weil sein komplettes körpersprachliches Repertoire aus der weiblichen Körpersprache entlehnt war. Der Dicke war viel dümmer, fiel öfter hin und kriegte öfter eines auf die Nase – doch er *wirkte* viel kompetenter, intelligenter und stärker. Weil er eine andere Körpersprache sprach. Eben typisch Mann: Fällt zwar öfter auf die Nase, kommt aber besser an!

Frauen werden diskriminiert, weil sie die „falsche" Körpersprache sprechen

Natürlich ist das ungerecht. Natürlich ist es ein Armutszeugnis für jede Gesellschaft, dass sie die Kompetenz eines Menschen daran misst, wie hoch er spricht, wie er seine Arme verschränkt oder wie eng er seine Beine beim Sitzen um die Stuhlbeine schlingt. Wenn eine Gesellschaft so borniert ist, auf solche oberflächlichen Signale hereinzufallen, dann ist ihr – Pisa-Studie hin, Ganztagsschule her – beim besten Willen nicht mehr zu helfen. Doch solange Sie in dieser Gesellschaft leben, haben Sie nur eine Wahl: Sie akzeptieren die bescheuerten Spielregeln und gewinnen bei dem Spiel – oder Sie spielen nicht mit. Aber was dabei herauskommt, wissen Sie inzwischen nur zu gut. Auch deshalb halten Sie dieses Buch in Händen. Weil Sie nicht länger im Abseits stehen möchten. Weil Sie den Tootsie-Effekt abschütteln möchten. Schütteln wir!

Körpersignale als Karrierekiller

Betrachten Sie nochmals Abbildung 2. Es ist klar, dass der Mann besser wirkt als die Frau. Aber woran liegt das denn? Wenn Sie es im Leben weiter bringen wollen, sollten Sie verstehen lernen, was im Leben weiter bringt.
Kompetenz ist wichtig. Doch Wirkung bringt weiter. Das wussten übrigens schon unsere Urgroßeltern: „Bescheidenheit ist eine Zier, doch weiter kommt man ohne ihr!" Dass der Mann auf dem Bild besser, kompetenter, vorgesetzt wirkt, sehen Sie auch. Aber woran liegt das?

Ihre Wirkung hängt von Ihren Körpersignalen ab

Körpersprache ist eine Sprache wie jede andere Sprache auch. Sie besteht aus Vokabeln. Die Vokabeln der Körpersprache sind die einzelnen Körpersignale. Sobald Sie Körpersignale wahrnehmen und einsetzen können, beherrschen Sie die Körpersprache.
Betrachten Sie Abbildung 2 und schauen Sie sich zusätzlich an Ihrem Arbeitsplatz um. Durch welche typischen Körpersignale unterscheiden sich Männer und Frauen?

- Männer sitzen zum Beispiel breitbeinig, Frauen schlagen oder wickeln die Beine übereinander. Das wirkt zwar attraktiv. Doch wer Karriere machen will, sollte nicht in erster Linie attraktiv, sondern kompetent wirken.
- Männer stellen beim Sitzen die Ellenbogen aus. Frauen führen sie eng am Körper oder haben die Arme sogar unterm Tisch.
- Männer stehen gerne breitbeinig, Hände in den Hosen- oder gar Jacketttaschen. Frauen stehen in der Entlastungshaltung: Beine eng, Körpergewicht auf einem Bein; Hände sichtbar.
- Frauen sitzen oft mit geschlossenen Knien und nach innen gedrehten Füßen. Männer halten die Knie offen und die Füße nach außen gedreht.

Männer machen sich breit, Frauen machen sich schmal.

Die Liste ließe sich endlos fortführen. Wenn Sie im Alltag die Augen aufmachen, werden Sie von einer geschlechtstypischen Signalflut geradezu überschwemmt werden. Alle diese Signale haben leider eines gemeinsam: „Die Körperhaltungen von Frauen wirken", sagt die Verhaltensforscherin Marianne Wex, „mit ihren Armen und Beinen eng am Körper gehalten, sich schmal machend, verkleinernd, verniedlichend, verharmlosend, demütig, sich anbietend, in sich zurückgezogen, sich versteckend, vorwiegend eingeschüchtert und angstbestimmt." Dieser Eindruck ist natürlich völlig ungewollt und unbewusst, doch er wirkt verheerend. Eben so verheerend, wie wir das täglich erleben:

!

Die meisten Frauen erreichen nicht annähernd das, was sie erreichen möchten. Warum? Weil die Körpersprache nicht stimmt.

Nicht tough enough?

Während Männer kompetent bis arrogant wirken, wirken Frauen leider viel zu oft wie die brave Tochter. Sie ist lieb, nett, sympathisch – aber man möchte keine Gasdruckturbine von ihr kaufen! Weil sie eben nicht tough enough fürs Business scheint. Was natürlich lächerlich ist. Kinderkriegen ist zehnmal härter als alles, was das Business zu bieten hat. Doch Frauen *scheinen* eben viel zu nett fürs Business zu sein. Weil sie die falschen Körpersignale senden. Heißt das jetzt, dass Sie ab sofort breitbeinig wie John Wayne durch die Flure staksen sollen? Das ist ein beliebter Spontanirrtum. Räumen wir ihn gleich aus:

!

Eine Frau ist kein Mann. Also sollte sie sich auch nicht wie einer aufführen. Das wirkt lächerlich. Frauen haben eine eigene Körpersprache.

Diese zu entdecken, sind wir hier. Frauen müssen nicht zwangsläufig wie die brave Tochter wirken. Erfolgreiche Business-Frauen, die nicht vermännlicht sind, machen es vor: Sie führen sich nicht so arrogant auf wie Männer, wirken aber trotzdem sehr kompetent und selbstsicher. Es gibt eben Körpersignale für „brave Tochter", Signale für „brutaler Kerl" und Signale für „selbstsichere Business-Frau". Wie Letztere aussehen, betrachten wir in diesem Buch. Warum überhaupt?

Körpersprache wird unterschätzt

Die Körpersprache des typischen Mannes sagt: „Platz da, jetzt komme ich!" Natürlich gibt es auch untypische Männer, die lieb und nett wirken. In Amerika gibt es einen Ausdruck dafür: Mr. Nice Guy. Dieser Begriff hat in einer typisch männlichen Gesellschaft einen unüberhörbar abwertenden Beiklang: Er ist lieb und nett – also kein echter Kerl. Sprachlicher Ausdruck einer Chauvi-Gesellschaft? Gerade nicht: Der Begriff wird öfter von Frauen als von Männern im Mund geführt. Auch viele Frauen stehen eben eher auf echte Kerle. Während der typische Mann also wie ein echter Kerl wirkt, wirken Frauen nett, unscheinbar, sympathisch – eben „weiblich".

Mr. Nice Guy

Wir alle wissen und erleben täglich, dass Männer typischerweise burschikos und etwas arrogant auftreten und Frauen eben weiblich. Doch wir vergessen regelmäßig, welche Auswirkungen das hat! Die Wirkungen der Körpersprache werden ständig unterschätzt:

Die Signale der Körpersprache werden fatal unterschätzt.

- ➔ Frauen werden in Meetings und Besprechungen eher übersehen, nicht wahrgenommen, eben weil sie so unauffällig wirken. Typische Reaktion der Männer: „Ach, die Müller war damals auch dabei? Richtig, jetzt erinnere ich mich." Das fördert nicht gerade den eigenen Erfolg.
- ➔ Wer weniger auffällt, wird auch weniger befördert – denn an wen sich ein Vorgesetzter nicht oder nur schwach erinnert, der kommt auch bei Beförderungen nicht in die engere Wahl.

- Wer weniger auffällt, wird auch öfter übersehen, untergebuttert, nicht ernst genommen, weniger anerkannt.
- Wer weniger auffällt, bekommt weniger attraktive Projekte, Posten, Aufgaben, Kunden, Befugnisse...
- Wer weniger attraktive Projekte, Kunden ... bekommt, fällt auch in der Folge weniger auf, weshalb er/sie auch in Folge weniger weit kommt – eine tödliche Abwärtsspirale.
- Wer nicht weiter auffällt, wird von Kunden, Kollegen, Mitarbeitern und Chefs eher und häufiger untergebügelt, weil der äußere Anschein suggeriert: Mit der/dem kann man's ja machen!

Genau das berichten mir viele Frauen in Frauenseminaren und Coachings: „Ich habe manchmal den Eindruck, dass die Kerle im Büro denken: Mit der kann man's ja machen!" Das stimmt! Männer denken das, und geben es untereinander auch zu. Und warum? Weil Frauen eben häufig diesen Eindruck erwecken. Sie erwecken diesen Eindruck nicht bewusst, sondern unbewusst – gerade deshalb ist er so gefährlich. Die meisten Frauen bemerken gar nicht, welche fatalen Körpersignale sie senden! Sie denken, die bösen Männer sind schuld. Doch tatsächlich laden sie die Männer mit ihren unbewussten Signalen dazu ein: „Komm, zieh mich übern Tisch. Mit mir kannst du's machen!"

Sind die bösen Männer schuld?

An dieser Stelle sind viele Seminarteilnehmerinnen und Coachees hell empört: „Aber zählt denn überhaupt nicht, was ich zu sagen habe?"

Haben Frauen was zu sagen?

Viele Frauen sind regelrecht schockiert, wie fatal sich die falsche Körpersprache auf das eigene Leben auswirkt. Sie fragen sich und mich: „Aber zählt denn gar nicht, was ich zu sagen habe? Sind meine Fachkompetenz und Berufserfahrung denn so wenig wert?

Ist denn nicht viel wichtiger, was jemand zu sagen hat, als wie er aussieht? Es kommt doch auf den Inhalt an, nicht auf die Verpackung!“ Entschuldigung, aber käme es wirklich auf Kompetenz und Leistung an, wäre in vielen Firmen das Verhältnis exakt umgekehrt: 90 Prozent weibliche Führungskräfte, 10 Prozent Männer. Genau so ist es aber nicht. Denn:

!

Unsere Wirkung auf andere Menschen wird verursacht:
- ➔ zu 55 Prozent von unserer Körpersprache,
- ➔ zu 38 Prozent von unserer Stimmführung und nur
- ➔ zu 7 Prozent von dem, was wir sagen.

Eigentlich müssten wir das wissen: Es kommt nicht so sehr darauf an, *was* wir sagen, sondern *wie* wir es sagen. Bestes Beispiel ist die Werbung: nahezu inhaltslos, aber milliardenschwer effektiv. Das mag dumm erscheinen – doch so funktioniert der Mensch nun einmal! Wir können eben nicht aus unserer Haut. Weder Sie noch ich. Also ist es doch am klügsten, wenn wir das Beste draus machen!

Nicht unsere Sprache, sondern unsere Körpersprache entscheidet darüber, ob wir ernst genommen werden, wie wir wirken, ob wir uns durchsetzen oder untergebügelt werden. Präsenz, Auftreten und Charisma sind eben keine sprachlichen, sondern körpersprachliche Phänomene. Frauen wissen das im Grunde am besten: Wie viel Zeit verbringen Sie für ein erstes Rendezvous vor dem Spiegel? Warum? Weil die inneren Werte so wichtig sind? Nein, weil der Eindruck entscheidet. Im Privatleben wissen wir das besser als jeder Mann. Keine Frau würde mit ungewaschenen Haaren zum Rendezvous erscheinen. Männer machen das ständig.

Im Privatleben sind wir Meisterinnen der Körpersprache. Im Beruf blutige Anfängerinnen.

Das ist ein schöner Trost. Denn wenn wir's privat so gut drauf haben, können wir uns das auch beruflich beibringen. Genau das machen wir in den folgenden Kapiteln.

Machen Sie auch Eindruck im Beruf!

Kaum eine Frau verlässt ungepflegt das Haus. Selbst wenn sie nur Brötchen holen geht, wird das Make-up aufgefrischt oder zumindest ein eleganter Mantel über die Wohnzimmerkluft getragen. Warum? Weil frau einen guten Eindruck machen will. Logisch. Doch im Beruf beruft sich dieselbe Frau darauf, dass Worte wichtiger als Aussehen, Inhalte wichtiger als die Verpackung, Leistung wichtiger als das Auftreten sein müssten. Das ist ein Widerspruch. Lebt er auch in Ihrem Kopf? Denken oder sagen Sie auch manchmal Dinge wie:

- „Ich bin viel erfahrener als der Kollege und trotzdem wird er bevorzugt!"
- „Auf den Inhalt kommt es an, nicht auf Äußerlichkeiten!"
- „Warum sieht denn niemand, was ich drauf habe?"
- „Warum bekomme ich nicht die Anerkennung, die ich verdiene?"
- „Allein auf die Leistung kommt es an!"

Wenn solche Gedanken in Ihrem Kopf herumspuken, dann sitzen Sie einem Irrtum auf. Sie glauben, dass zwar privat ein guter Eindruck wichtig ist, dass es im Beruf aber nur auf die inneren Werte, auf Leistung und Inhalt ankommt. Das ist ein weit verbreiteter Irrtum.

!

Im Beruf ist der äußere Eindruck noch viel wichtiger, weil er viel gravierendere Konsequenzen nach sich zieht!

Wenn Sie der Dame in der Reinigung unsympathisch erscheinen, trübt das zwar kurzfristig die Laune – doch wenn Sie einem Kunden bei der Arbeit unsympathisch erscheinen, kann Sie das unter Umständen Auftrag, Account, Beförderung und Job kosten. Das kommt ganz auf den Kunden an.

Es ist schön, wenn Sie fachkompetent sind. Doch bitte vertrauen Sie nicht darauf, dass irgendjemand da oben Ihre Leistungen schon würdigen wird.

!

Leistung allein reicht nicht. Würde sie es, würden Frauen schneller aufsteigen als Männer. Doch Leistung reicht eben nicht. Erst ein guter Eindruck kann auf Ihre gute Leistung aufmerksam machen. Machen Sie Eindruck!

Welchen? Auf keinen Fall den falschen!

Der falsche Eindruck

Viele Frauen sind sich durchaus bewusst, dass es auch am Arbeitsplatz auf einen guten Eindruck ankommt. Sie wählen Kleidung und Make-up sorgsam aus. Das macht ganz sicher Eindruck. Die Frage ist bloß: welchen?

Wenn es nur eine Frage gäbe, die Sie sich aus diesem Buch merken könnten, müsste es diese sein: Welchen Eindruck machen Sie?

Welchen Eindruck machen Sie?

Die meisten Frauen ziehen sich für die Arbeit etwas gestylter an als in der Freizeit und glauben, damit einen guten Eindruck zu machen. Das ist größtenteils ein fataler Irrtum, für den ein Spruch bezeichnend ist, der hin und wieder nach von Frauen gehaltenen Präsentationen von einem Kollegen gemacht wird: „Hat die Kollegin was Wichtiges gesagt? Ich habe die ganze Zeit nur auf ihre Beine geschaut!“ Der Rock war offensichtlich zu kurz. Hat das Eindruck gemacht? Und wie! Den richtigen? Leider nein.

!

Viele Frauen kleiden und verhalten sich bei der Arbeit so, dass sie einen sympathischen, gepflegten und vor allem attraktiven Eindruck machen. Dadurch machen sie noch keinen kompetenten, zuverlässigen, vertrauenswürdigen und durchsetzungsstarken Eindruck.

Welchen Eindruck machen Sie? Womit? Und ist es der Eindruck, den Sie erwecken möchten? Ist es der Eindruck, der Sie weiterbringt, ans Ziel Ihrer Wünsche bringt? Oder präzise gefragt:

Wirken Sie attraktiv oder kompetent?

Natürlich kann man auch beides – die Frage ist jedoch: Tun Sie's? Und vor allem: Kommt das bei Kollegen, Chefs, Kunden und Mitarbeitern auch so an?

Die grauen Büromäuse

Fast noch schlimmer ist, wenn eine Frau nicht nur nicht kompetent auftritt, sondern noch nicht einmal attraktiv. Das sind die so genannten grauen Büromäuse. Graues Kostüm, schwarze Schuhe, scharf gefasste Brille, keine Accessoires, kein Make-up, kein Schmuck... Dabei ist es doch offensichtlich: Graue Mäuse und Mauerblümchen bringen es nicht weit! Es ist okay, wenn sich eine Frau gerne unauffällig kleidet und gibt und dabei keinerlei Ambitionen hat. Dann passt der Eindruck zu den eigenen Erwartungen. Schmerzhaft wird es nur dann, wenn eine Unauffällige ständig latent unzufrieden ist, dass sie übersehen und übergangen wird.

!

Sie können auf Dauer nicht gegen Ihren eigenen Eindruck leben. Das ist sehr anstrengend, frustrierend und unbefriedigend.

Sie sehen daran auch: Körpersprache ist nicht das Einstudieren von beeindruckenden Gesten oder umwerfender Mimik – obwohl sie von schlechten Ratgebern ständig so dargestellt wird.

Körpersprache beginnt im Kopf. Erfolgreiche Körpersprache bedeutet ganz einfach, seine eigenen Erwartungen mit dem eigenen Äußeren abzustimmen.

Sie müssen sich nicht verbiegen

Wenn Sie beim Lesen der letzten Zeilen festgestellt haben, dass Ihr äußerer Eindruck im Moment keineswegs dem entspricht, was Sie selbst erreichen wollen, machen Sie sich keine Vorwürfe deshalb. Wir sind gerade dabei, das zu ändern. Hüten Sie sich auf der anderen Seite jedoch vor einem beliebten Irrtum: „Ich weiß schon, dass ich oft... (biederer, braver, netter, harmloser...) wirke, als mir selbst gut tut. Aber ich möchte mich nicht verbiegen!“

Das Gegenteil von einem unvorteilhaften Eindruck ist nicht Sich-Verbiegen. Verbiegen ist niemals eine Lösung, weil selbst der argloseste Tropf bemerkt, dass Sie sich verbiegen!

Und dann ist der gute Eindruck natürlich futsch. Sich verbiegen beeindruckt niemanden! Weil es zu offensichtlich ist, durchschaut wird, unecht ist und damit als Zeichen von Unsicherheit und Schwäche interpretiert wird – was es auch ist.

Den besten und stärksten Eindruck machen Sie immer noch dann, wenn Sie authentisch sind.

Natürlich gibt es auch Frauen, die sich verbiegen, um einen starken Eindruck zu machen, um vorwärts zu kommen. Die Öffentlichkeit nennt sie despektierlich Mannweiber. Sie gehen den bequemen Weg der Selbstaufgabe und verkaufen ihre Weiblichkeit für eine

Hand voll Dollar. Das ist zwar bequem, aber weder sinnvoll, noch nützlich. Denn der Preis für die Selbstaufgabe ist hoch: Frau verliert sich selbst, kann sich selber irgendwann nicht mehr leiden und wird krank. Dabei ist das völlig unnötig.
Sie können beides: die eigene Weiblichkeit und Identität bewahren – und trotzdem entschieden und selbstsicher auftreten.
Das ist keine Hexerei, sondern lediglich Trainingssache. Genau deshalb sind wir hier.

Das Bewusstsein steuert das Sein

Körpersprache ist ganz einfach. Sie müssen keinen Modelgang einstudieren oder so genannte Power Moves trainieren. Die wichtigsten Elemente haben Sie in diesem Kapitel schon kennen gelernt. Es sind nur vier:

Alles, was Sie über Körpersprache wissen müssen:

- Körpersprache läuft größtenteils unbewusst ab, was gefährlich ist. Machen Sie sich das Unbewusste bewusst!
- Achten Sie bewusst auf Ihre eigenen Körpersignale.
- Registrieren Sie bewusst deren Wirkung auf andere.
- Modifizieren Sie Ihre Signale so, dass die Wirkung Sie weiterbringt.

Keine Angst, Sie müssen das nicht 24 Stunden am Tag tun! Sondern nur dann, wenn es darauf ankommt. Wenn Sie mit dem Chef, einem schwierigen Kunden oder einer aufgebrachten Präsentationsmeute reden müssen. Je öfter Sie das tun, desto leichter fällt es Ihnen. Viele Frauen berichten mir, dass diese Selbst- und Fremdbeobachtung sehr schnell zu einer Gewohnheit wird, die nicht länger verunsichert, sondern sehr viel Sicherheit gibt. Monika, 28 Jahre, Projektleiterin, sagt: „Solange ich meine Wirkung

Wie möchten Sie wirken, wenn's drauf ankommt?

auf andere bewusst beobachte, fühle ich mich sicher und selbstbewusst. Denn ich weiß immer, wie ich wirke. Das gibt Sicherheit." Monika stellt sich beispielsweise immer wieder drei Fragen: „Wie stehe, gehe, sitze ich gerade? Wie kommt das an? Wie möchte ich denn wirken?"

Frauen, die ihre Körpersprache bewusst einsetzen, kommen leichter und schneller voran

Wir alle kennen den Effekt aus Filmen: Die Diva an der Bar schaut lasziv über die Schulter, fixiert den Kerl neben sich mit Schlafzimmerblick und mädchenhaftem Augenaufschlag – und der Kerl fällt fast vom Barhocker. Der Effekt ist aktenkundig. Warum glauben wir eigentlich, dass das nur an der Bar funktioniert? Erfolgreiche Business-Frauen machen es uns täglich vor, dass sehr viele verschiedene Körpersignale im Beruf ebenso gut funktionieren. Setzen wir sie ein!

Die Körpersprache erfolgreicher Frauen

Machen Sie einmal die Augen auf. Beobachten Sie einige Sekretärinnen bei der Arbeit und vergleichen Sie deren Körpersprache mit der Körpersprache von erfolgreichen Business-Frauen, die eine höhere Position einnehmen. Davon gibt es zwar wenige, aber es gibt sie. Achten Sie vor allem auf Signale für:

- ➔ Unsicherheit
- ➔ Stärke
- ➔ Selbstvertrauen
- ➔ Nachgiebigkeit
- ➔ Unterwürfigkeit
- ➔ Abhängigkeit

Der Unterschied ist deutlich, nicht wahr? Wir müssen noch nicht einmal auf die einzelnen körpersprachlichen Vokabeln eingehen, um den generellen Eindruck zu bestätigen.

Man sieht einer Frau die Position an, die sie bekleidet; beziehungsweise die Position, die sie anstrebt.

Zielorientierung in der Körpersprache

Auch deshalb erkennen erfahrene Vorgesetzte und Personalleiter schon in den ersten Minuten eines Vorstellungsgesprächs das Potenzial einer Bewerberin: ob sie ewig Teamassistentin bleiben wird oder zu Höherem berufen ist. Wenn drei Frauen im Aufzug stehen, können Sie mit geübtem Auge deren Position erraten – durch bloßes Beobachten der Körpersprache. Man könnte nun sagen: Die Position bestimmt die Körpersprache. Sobald eine Frau Abteilungsleiterin wird, benimmt sie sich auch wie eine. Das stimmt nicht. Bestimmten Frauen sieht man die Abteilungsleiterin an, lange *bevor* sie befördert werden. Das sind all jene Frauen, die schon heute wissen, was sie wollen. Dieses Wissen, diese Zielorientierung drückt die Körpersprache aus. Das Bewusstsein bestimmt das Sein.

Lassen Sie sich nicht unterbuttern!

Nicht alle Frauen streben eine Beförderung an. Die meisten sind sogar überhaupt nicht scharf darauf. Was sie viel lieber wollen:

Wollen Sie das wirklich?

- „Ich will endlich ernst genommen werden."
- „Ich möchte die Anerkennung, die mir zusteht."
- „Wenn ich gute Leistung bringe, soll das auch gewürdigt werden."
- „Ich habe auch was zu sagen! Warum hört keiner auf mich?"
- „Ich möchte nicht ständig in Meetings übergangen werden!"

Führen Sie Ihre Feldbeobachtung fort und beobachten Sie Frauen, die notorisch untergebuttert werden. Vergleichen Sie diese mit Frauen, die sich durchsetzen können. Deutlicher Unterschied? In der Tat. Doch exakt dieser Unterschied wird in der Regel völlig falsch interpretiert: „Wenn man sich gerade eben durchgesetzt hat, ist es leicht, selbstbewusst aufzutreten." Das stellt die Zusammenhänge völlig auf den Kopf.

Nicht wer sich durchsetzen kann, wird selbstbewusst. Sondern wer selbstbewusst ist, kann sich durchsetzen.

!

Es ist wie mit der Beförderung: Frauen, die wissen, was sie wollen, treten lange vor der Beförderung zur Abteilungsleiterin wie eine Abteilungsleiterin auf. So verhält sich das auch mit der Durchsetzungsfähigkeit und allen anderen Erfolgstugenden: Frauen, die selbstbewusst auftreten, treten eben nicht erst selbstbewusst auf, *nachdem* sie durchgesetzt haben, sondern *bevor* sie sich durchgesetzt haben! Eigentlich logisch, nicht?

Nicht der Erfolg bestimmt die Körpersprache. Sondern die Körpersprache bestimmt den Erfolg!

!

Äußere und innere Haltung hängen direkt voneinander ab.

Geist und Körpersprache hängen eng zusammen. Wer es im Leben weiter bringen will, tritt ganz anders auf. Der Körper spiegelt die Gedanken. Das macht ihn so verräterisch. Wenn Sie sich um die Position einer Gruppenleiterin bewerben und dabei die Körpersignale einer „normalen" Mitarbeiterin zeigen, stellen Sie sich selbst ein Bein. Denn alle guten Worte nützen nichts, wenn Ihr Körper Sie Lügen straft und die falschen Signale sendet. Jeder Gedanke manifestiert sich im Körper und dessen Ausdruck.

Zeigen Sie Haltung

Gerade weil die äußere Haltung die innere Haltung widerspiegelt, sabotiert sie uns oft selbst. Petra zum Beispiel hat oft unter den Übergriffen der Kollegen zu leiden, die sie ständig frotzeln und lästige Jobs bei ihr abladen. Petra meint: „Ich habe denen schon hundertmal gesagt, die sollen das lassen!“ Warum lassen sie es nicht?

Wenn Ihr Mund Nein, aber Ihr Körper Ja sagt, glaubt man Ihrem Körper

Klein, giftig, harmlos

Wenn Petra „Nein“ sagt, sagt ihr Mund zwar Nein, doch ihr Körper spricht eine andere Sprache. Meist redet sie am Schreibtisch sitzend über die Schulter weg mit dem Störenfried und blickt ihn dabei aus den Augenwinkeln finster an. Der Eindruck, den sie dabei weckt? „Klein, giftig, harmlos“, wie es ein Kollege beschreibt. Deshalb hört niemand auf sie. Man nimmt sie einfach nicht ernst. Denn ihre Haltung sagt ganz klar: „Ich trau mich nicht. Ich meine nicht wirklich, was ich sage!“

Nach einer ersten Coaching-Sitzung verhält sie sich anders. Bei der nächsten Störung steht sie auf, dreht sich frontal dem Störenfried zu, geht zwei Schritte auf ihn zu, stemmt die Arme in die Seite, lächelt ihn dabei betont kalt an und meint: „Lass das. Du weißt, das mag ich nicht.“ Der Störenfried reagiert verdattert, murmelt eine Entschuldigung und schleicht von dannen. Danach fühlt sich Petra einfach unbeschreiblich gut.

Wir sehen daran: Die äußere und innere Haltung hängen direkt voneinander ab. Wenn Sie die folgenden Kapitel durchlesen und durcharbeiten, wird sich nach und nach nicht nur Ihre äußere Haltung ändern, sondern auch Ihre innere Haltung. Diese Rückkopplung der äußeren auf die innere Haltung ist Psychologen übrigens als Postural Setting bekannt. Bittet man depressive Menschen zum Beispiel aufzustehen, sich zu strecken und eine halbe Minute nach oben zu schauen, mindert sich die Depression bereits. Warum? Weil man depressiv am besten zusammengesunken in der Ecke sitzend sein kann. Man sitzt eben nicht nur wie das sprichwörtliche Häuflein Elend da, weil man deprimiert ist. Man ist auch deshalb deprimiert, weil man wie ein Häufchen Elend dasitzt – beides ist untrennbar miteinander verbunden. Verändert man das eine, verändert sich auch das andere.

Wann immer Sie Ihre körpersprachlichen Signale ändern, ändert sich auch Ihre innere Haltung. Je weiter Sie in diesem Buch lesen, desto selbstsicherer werden Sie auftreten, desto mehr Eindruck werden Sie machen, desto größer werden Ihre Spielräume und Freiheiten werden, desto stärker werden Ihre Ängste und Unsicherheiten abnehmen, desto eher werden Sie sich von äußeren und inneren Zwängen befreien. All das sind die Auswirkungen einer kongruenten Körpersprache, die mit Ihren Wünschen in Einklang steht.

2 Wie wirken Sie?

Die große Ungerechtigkeit

Körpersprache ist die Sprache, die am häufigsten gesprochen wird. Trotzdem wird sie am wenigsten verstanden. Denn sie läuft normalerweise völlig unbewusst ab. Wo sind zum Beispiel gerade Ihre Hände? Aha. Waren Sie sich vor dieser Frage dessen bewusst? Sicher nicht. Warum nicht? Weil Handbewegungen, die so genannte Gestik, unwillkürlich ablaufen. Natürlich nicht dann, wenn wir den Lidstrich nachziehen. Doch solche bewussten Handbewegungen sind erstaunlicherweise eher selten. Die meiste Zeit registrieren wir nicht bewusst, was unsere Hände tun – geschweige denn unsere Gesichtszüge und unsere Körperhaltung.

!

Die Körpersprache ist bei Männern wie Frauen unbewusst. Die Ungerechtigkeit liegt darin, dass das bei Männern eher positive, bei Frauen eher negative Folgen hat.

Weder Männer noch Frauen sind sich in der Regel ihrer Körpersprache bewusst. Weder Männer noch Frauen wissen üblicherweise, wie sie auf andere wirken, welche verräterischen Körpersignale sie senden. So weit ist die Schöpfung ganz gerecht angelegt. Die große Ungerechtigkeit liegt in den Folgen. Zwar sind sich auch Männer normalerweise ihrer Körpersprache nicht bewusst – doch bei ihnen hat das positive Folgen für Karriere und Erfolg im beruflichen Alltag. Da Männer mit unkontrollierter Körpersprache tendenziell und automatisch eine Art Django-Verhalten an den Tag legen, wirken sie automatisch

- ➔ dominant bis schulmeisterlich,
- ➔ kompetent bis besserwisserisch,
- ➔ selbstbewusst bis arrogant,
- ➔ autoritär bis charismatisch,
- ➔ durchsetzungsstark bis knochenhart,
- ➔ seriös und zuverlässig,
- ➔ businesslike und
- ➔ vor allem: wichtig.

Männer wirken eher stark.

Männer mit unreflektierter Körpersprache wirken typischerweise eher stark, Frauen mit unbewusster Körpersprache wirken eher schwach.

!

Wenn Männer nicht auf ihre Körpersprache achten, hat das wegen der eben beschriebenen Wirkungen eher positive Folgen. Sie mögen mit diesem unbewussten Django-Verhalten zwar manchmal unsympathisch und schroff wirken, doch wenigstens werden sie ernst genommen und setzen sich durch.

Männer können sich im Allgemeinen eine unreflektierte Körpersprache leisten. Frauen nicht.

!

Genau aus diesem Grund wurde dieses Buch geschrieben. Und wahrscheinlich halten Sie es genau aus diesem Grund auch in den Händen: Frauen werden wegen ihrer ganz normalen Körpersprache behindert und diskriminiert. Frauen behindern sich mit ihrer Körpersprache selbst. Sie stehen sich selbst im Weg. Denn genauso automatisch, wie ein unreflektierter Mann zum Django wird und sich damit selbst nutzt, wird eine unreflektierte Frau in der Regel zur braven Tochter und schadet sich damit selbst. Wenn sie sich ihre unbewusste Körpersprache nicht bewusst macht, wirkt sie automatisch

Frauen wirken eher schwach.

- ➔ unsicher und schwach,
- ➔ verletzlich und harmoniebedürftig,
- ➔ konfliktschwach,
- ➔ nicht durchsetzungsfähig,
- ➔ not tough enough und
- ➔ nicht belastbar.

Woher kommen diese unerwünschten Nebenwirkungen einer unreflektierten Körpersprache? Aus dem unreflektierten Einsatz der körpersprachlichen Vokabeln:

- Blickkontakt
- Körperhaltung
- Handbewegungen (Gestik)
- Gesichtsausdruck (Mimik)
- Stimmführung
- Kleidung, Schmuck, Frisur, Make-up

Jede dieser sechs Vokabeln hat eine ganz bestimmte Wirkung auf andere Menschen. Diese Wirkung erzielen Sie ständig – auch jetzt! Ohne es zu merken. Sie wissen nicht, was Ihr Blick, Ihr Gesicht und Ihre Hände gerade über Sie verraten. Das macht Körpersignale (für Frauen) so gefährlich. Wenn wir im Folgenden diese sechs Signalgruppen der Reihe nach betrachten, schauen wir uns jeweils an, welche selbstschädigenden Signale Frauen damit senden, wie Sie sie vermeiden und wie Sie die richtigen Signale senden können.

Schau mir in die Augen, Kleines!

Männer schauen in der Regel direkter, unverhohlen, durchdringend. Frauen empfinden das oft als Anstarren, sie fühlen sich mit Blicken ausgezogen. Männer finden nichts dabei, einer Frau nicht

ins Gesicht zu sehen, wenn sie mit ihr sprechen, sondern bevorzugt auf den Busen. Der Blick von Männern wird auch deshalb als Anstarren empfunden, weil sie in der Regel nicht lächeln, wenn sie Blickkontakt herstellen.
Frauen dagegen lächeln sehr viel häufiger, wenn sie Blickkontakt suchen. Deshalb wird ihr Blick als freundlich und harmlos, der von Männern dagegen als seriös und ernst verstanden. Frauen starren in der Regel nicht. Deshalb brechen sie den Blickkontakt schneller ab als Männer. Was viele Frauen nicht wissen: Das ist eine Demutsgeste. Kinder wissen das, wenn sie das Indianerspiel spielen: Wer zuerst blinzelt oder wegschaut, hat verloren. Blickkontakt ist auch ein Machtmittel. Daher kommen Ausdrücke wie:

Machtmittel Blickkontakt

- „Mit Blicken durchbohren"
- „Wenn Blicke töten könnten"
- „Mit Blicken in den Boden bohren"

Frauen verzichten unbewusst auf dieses Machtmittel. Sie schauen öfter weg, unterbrechen den Blickkontakt öfter als Männer, schlagen auch im direkten Gespräch öfter die Augen zu Boden. Warum? Weil sie den anderen nicht anstarren wollen. Eine gute Absicht, die völlig daneben gerät. Woran wir erkennen:

> **!** Absicht und Wirkung sind bei der unbewussten Körpersprache selten dasselbe! Was Sie beabsichtigen, ist meist nicht das, was Sie bewirken!

Das ist natürlich fatal. Die meisten Frauen wenden den Blick nach unten, weil sie aus Höflichkeit den anderen nicht anstarren wollen. Und wie kommt das an? Selbst die größten Literaten schreiben: „Sie wandte den Blick züchtig zu Boden." Züchtig, beschämt, bescheiden, unsicher, unehrlich – das wird der Frau dabei unterstellt! Das ist natürlich Blödsinn! Aber so kommt das an!

!

Das eherne Gesetz der Kommunikation: Wie etwas beim Empfänger ankommt, bestimmt immer noch der Empfänger!

Die Frau möchte höflich wirken, indem sie zu Boden blickt, wirkt aber beschämt, unsicher, unehrlich ... ! Was für eine krasse Selbstsabotage!

Abb. 3: Männer wirken seriös, Frauen nett.

Betrachten Sie Abbildung 3 – der Eindruck spricht für sich, nicht wahr? Der Mann schaut gewichtig aus, die Frau lieb und nett. Dabei könnte sie seine Vorgesetzte sein! So schaut sie aber leider nicht drein. Kein Wunder, dass viele Menschen sie mit seiner Sekretärin verwechseln!

Blickkontakt im Meeting

Frauen ziehen in Meetings häufig schon den Kürzeren, bevor das Meeting überhaupt begonnen hat. Sie liegen schon 0:1 zurück, noch bevor das Spiel angepfiffen wird. Allein durch ein körper-

sprachliches Eigentor. Beobachten Sie das doch einmal beim nächsten Meeting. Seien Sie unter den ersten Anwesenden im Sitzungsraum und beobachten Sie, mit welchem Blick Männer zur Tür hereinkommen. Sie schauen mit festem Blick in die Runde, fixieren jeden Anwesenden kurz mit einem kritischen Blick. Die unterschwellige Botschaft: „Pass auf – jetzt komme nämlich ich!" Bei vielen schwingt unverhohlen Aggressivität mit: „Komm mir bloß nicht in die Quere!" Ein starker Auftritt, könnte man sagen. Ein Auftritt mit sicherem Blick. Ein Auftritt mit Dominanzgehabe.
Frauen kommen in der Regel mit einem ganz anderen Blick zur Tür herein. Sie blicken den bereits Anwesenden kaum oder nicht ins Gesicht, sondern schauen sich suchend um. Die Botschaft: „Wo ist noch ein Plätzchen frei? Wo kann ich mich hinsetzen?" Viele schauen auch ganz offen verunsichert: „Kenne ich hier jemanden?" Wir wissen: Der erste Eindruck zählt. Und mit diesem ersten Eindruck der Verunsicherung beginnt für eine Frau das Meeting denkbar schlecht. Die anwesenden Männer fühlen instinktiv: „Die kann mann einfach nicht ernst nehmen. Schau mal, wie verunsichert die ist!"
Ein Blick ist nur ein kleines Signal. Doch es hat eine große Wirkung. Die Wirkung bei Männern und Frauen könnte nicht unterschiedlicher sein. Auch das ist ein ehernes Prinzip der Körpersprache: Die kleinsten Gesten haben meist die größte Wirkung.

!

Körpersignal: Blickkontakt im Meeting
Wirkung bei Männern: Sie verschaffen sich mit einem Blick Respekt.
Wirkung bei Frauen: Sie ordnen sich mit einem Blick unter.

Warum ordnen sich viele Frauen gleich zu Beginn eines Meetings unter? Weil sie sich unterordnen wollen? Weil sie sich minderwertig fühlen? Nein. Auch hier gilt: Die Absicht ist nicht die Wirkung. Frauen wollen sich nicht unterordnen. Sie neigen im Meeting und anderswo eher dazu, sich vor den Blicken anderer zu schützen, da sie sich (oft genug zu Recht) angestarrt fühlen. Das ist unangenehm und das möchte frau vermeiden. Also schaut sie weg. Das ist verständlich – wirkt aber leider verheerend auf andere Anwesende, selbst auf Frauen.

Wo schauen Sie hin?

Ich wette, Sie haben beim Lesen einige Male darüber nachgedacht, wo Sie normalerweise im Büro und anderswo hinschauen. Das ist gut so: Der erste Schritt zu einer erfolgreichen Körpersprache besteht darin, sich die eigenen Signale erst einmal bewusst zu machen. Fragen Sie sich:

Checkliste

- ❒ Wohin schaue ich normalerweise?
- ❒ Wen schaue ich wie an?
- ❒ Schaue ich den Partner an, wenn ich mit ihm spreche?
- ❒ Gilt das auch für Chefs, Kollegen, Mitarbeiter, Kunden?
- ❒ Lächle ich dabei etwa? Zu viel? Permanent und penetrant?
- ❒ Wer schaut mich wie an?
- ❒ Wie reagiere ich darauf? Indem ich dem Blick ausweiche?

Der Blick erfolgreicher Frauen

Beobachten Sie einmal im Business erfolgreiche Frauen: Die schauen ganz anders in die Welt. Beobachten Sie sie. Lernen Sie von ihnen.

- *Erfolgreiche Frauen halten Blicken stand.* Selbst wenn Sie angestarrt werden: Erwidern Sie immer den Blick. Weichen Sie auf keinen Fall aus! Das Ausweichen ist eine zwar unbewusste, aber sehr wirkungsvolle und schädliche Demutshandlung. Sie wollen aber nicht demütig wirken! Sie leben schließlich nicht mehr im 19. Jahrhundert. Den Blickkontakt *halten* bedeutet auch, den Blick anderer aushalten. Erinnern Sie sich an das Indianerspiel, das Kinder spielen: Wer als erster wegschaut oder blinzelt, hat verloren. Tun Sie einfach so, als ob Sie dieses Spiel immer noch spielten. Das klappt nicht beim ersten Mal. Wie bei allen Spielen gilt: Übung macht die Meisterin. Nach und nach werden Sie immer besser darin, auch unbequemen Blicken standzuhalten. Sie werden ein überraschendes Erlebnis dabei haben: Es fühlt sich einfach gut an, einem Blick nicht auszuweichen, sondern stark und selbstsicher zurückzublicken. Das ist das Umkehrprinzip der Körpersprache: Wenn Sie ein selbstbewusstes Signal senden, fühlen Sie sich auch selbstbewusst dabei.

Weichen Sie nicht aus!

- *Erfolgreiche Frauen suchen aktiv Blickkontakt.* Suchen Sie gerade in Eröffnungssituationen von Meetings, Gesprächen, Verhandlungen, Vorträgen aktiv Blickkontakt mit allen Anwesenden (oder mit den meisten) der Reihe nach. Ein, zwei Sekunden reichen völlig, um Blickkontakt herzustellen. Auch das benötigt zuerst Überwindung und Mut und gelingt nicht auf Anhieb. Seien Sie geduldig mit sich und probieren Sie es. Nach drei, vier Versuchen klappt es schon ganz ordentlich. Und Sie werden sich gut dabei fühlen! Sie werden bemerken, dass man Sie ganz anders ansieht, Sie ernster nimmt.

Seien Sie mutig!

- *Erfolgreiche Frauen nehmen den Partner ins Visier.* Egal mit wem Sie sprechen: Blicken Sie ihm ins Auge. Halten Sie den Blickkontakt. Weichen Sie nicht aus. Viele Frauen möchten das, haben jedoch Bedenken: „Ich kann den anderen doch nicht so anstarren!“ Das ist kein Anstarren! Anstarren ist, wenn man jemand mit unbewegter Miene ins Gesicht schaut und keinen Ton dazu sagt. Anstarren ist unhöflich – genauso unhöflich, wie dem Blickkontakt auszuweichen. Also halten Sie höflich Blickkontakt.

Bleiben Sie höflich!

- *Erfolgreiche Frauen gewinnen Blickduelle.* Viele Vorgesetzte, Kunden oder Kollegen (manchmal auch Mitarbeiter) versuchen, Sie mit Blicken sozusagen in den Boden zu starren. Sie schauen Sie so böse an, dass Sie automatisch und unbewusst den Blick zu Boden senken. Tun Sie's nicht! Das ist eine körpersprachliche Kapitulation! Genau solche Signale sind es, die Männer über Frauen sagen lassen: „Sie ist einfach nicht tough enough fürs Business!" Wenn Sie jemand mit dem bösen Blick anstarrt, schauen Sie freundlich, aber bestimmt zurück. Sie müssen ihn nicht Ihrerseits niederstarren. Ein fester, sekundenlanger Blick genügt, um dem Angreifer zu signalisieren: „Mit mir nicht, mein Lieber!"

Mit mir nicht!

- *Erfolgreiche Frauen haben den Warnblick drauf.* Wenn ein Kollege einen zotigen, ausländer- oder frauenfeindlichen Witz erzählt, schauen viele Frauen peinlich berührt woanders hin, weil sie es nicht fassen können, dass ein männliches Wesen derart geschmacklos sein kann. Reaktion der Umwelt: „Ach guck mal, wie niedlich! Der Kleinen ist das peinlich!" Viele Männer missverstehen das Signal auch und denken, dass Sie still schmunzeln, wenn Sie zu Boden schauen! Lassen Sie's. Eignen Sie sich einen Warnblick an: Den anderen fest fixieren, vielleicht die Stirn runzeln oder den Kopf schütteln. Botschaft: „Nun reiß dich mal zusammen, Kollege!" Daher das Sprichwort: Ein Blick sagt mehr als tausend Worte. Mütter haben diesen Warnblick übrigens tadellos drauf. Sie brauchen den Kleinen nur scharf anzuschauen und er nimmt sofort die Hand vom Feuerzeug.

Reiß dich mal zusammen!

- *Erfolgreiche Frauen werden nicht erfolgreich geboren.* Jede hat sich suggestive Signale wie den Warnblick erst einmal selbst erworben, antrainiert. Trainieren Sie. Der Spiegel ist ein toller Verbündeter dabei. Er zeigt Ihnen genau, wie Sie wirken. Üben Sie davor Ihren Warnblick, bis er sitzt.

Der Spiegel – Ihr Verbündeter

- *Erfolgreiche Frauen können auch mal rüde blicken.* Viele Frauen stört es, dass frau ständig von irgendjemand angestarrt wird. Erfolgreiche Frauen haben ein ganz einfaches Rezept dagegen: Sie starren zurück! Dass dieses einfache Rezept so

Starren Sie zurück!

durchschlagend wirkt, beweist lediglich, dass Männer das überhaupt nicht gewohnt sind, noch nicht einmal damit rechnen. Starrt eine Frau zurück, ist es der Mann, der dann plötzlich den Blick verschämt und ertappt abwendet. Viele Seminarteilnehmerinnen versichern mir, dass dieser kleine Triumph ein Genuss ist, den frau sich täglich gönnen sollte. Wie Gloria Steinem sagte: „Cause it's really, really good for you!" Übrigens: Beim Anstarren lächelt frau nicht!

- *Erfolgreiche Frauen sind sich ihres Lächelns bewusst.* Die meisten Frauen lächeln automatisch, wenn sie jemanden anschauen. Deshalb wirken sie so lieb und nett. Weil sie zu oft lächeln. Erfolgreiche Frauen, die dabei Frau geblieben sind, schauen nicht so miesepetrig drein wie Männer, sie lächeln auch – aber dosiert. Nämlich nicht dann, wenn es unangebracht ist, sondern dann, wenn sie es ganz bewusst wollen. Achten Sie auf Ihr Lächeln! Es ist eine kostbare Gabe. Verschwenden Sie es nicht. Schenken Sie es dann, wenn es allen gut tut – auch Ihnen!

Lächeln Sie – aber dosiert!

Haltung bewahren

Männer stehen, gehen und sitzen anders als Frauen. Wir sehen das täglich nur zu gut – doch wir machen uns normalerweise keinerlei Gedanken darüber, welche verheerenden Auswirkungen das auf Frauen im Berufsleben hat. Betrachten wir einige Signale, die erklären, woher Männer und Frauen ihr typisches Image haben.

Abb. 4: Männer stehen mit beiden Beinen fest im Leben, Frauen sind eher wackelig auf den Beinen.

Die Haltung	Ihre Wirkung
Männer ...	*Männer ...*
... stehen breitbeinig.	... stehen mit beiden Beinen fest im Leben.
... stehen locker angelehnt.	... sind lässig, cool, souverän.
... gehen breitbeinig, schnell, mit großen Schritten.	... sind wichtig, beschäftigt, entschlossen.
... sitzen breitbeinig und mit breiten Ellbogen.	... machen sich breit, sind wichtig.
Frauen ...	*Frauen ...*
... stehen meist in der Entlastungshaltung: Gewicht auf einem Bein, ein Fuß vorgestellt, Ellbogen eng am Körper.	... wirken dadurch schmal, zerbrechlich – man tippt sie an und sie fallen um.
... gehen mit kleinen Schritten, Arme eng am Körper.	... sind dabei schön anzusehen – doch Schönheit hilft nicht, sich durchzusetzen oder ernst genommen zu werden; im Gegenteil.
... sitzen oft mit ineinander oder ums Stuhlbein gewickelten Beinen.	... wirken dadurch verlegen, unsicher, verkrampft.

Schon erschreckend, nicht wahr? Da sitzt frau ganz unverfänglich hinterm Sitzungstisch – und schon gilt sie als verkrampfte Spielverderberin! Das ist zwar dumm, doch so kann's gehen. Das muss nicht sein.

Erfolgreiche Frauen halten sich aufrecht

Verteilen Sie Ihr Körpergewicht auf beide Füße!

Betrachten wir erfolgreiche Frauen, fällt uns auf, dass sie eine ganz andere Haltung haben. Erstens ganz anders als weniger erfolgreiche Frauen. Und zweitens ganz anders als Männer. Betrachten wir die Vorbilder.

- *Erfolgreiche Frauen stehen mit beiden Beinen im Leben.* Wenn sie stehen, stehen sie meist nicht in der typischen weiblichen Entlastungshaltung (s.o.), sondern mit einem gleichmäßig auf beide Füße verteilten Körpergewicht. Die Füße stehen neben-, nicht hintereinander. Natürlich stehen die Füße nicht so breit wie bei Männern – aber das ist logisch, nicht? Sie sind kein Mann, also stehen Sie nicht wie einer. Richtiges Stehen ist wirklich keine große Geste. Das kriegen Sie hin. Üben Sie mal vor dem Ankleidespiegel. Wie wirkt das auf Sie? Sicher ganz anders als die normale Entlastungshaltung. Wenn Sie bei diesen ersten Stehversuchen auch gleich die Schuhe wechseln möchten – nur zu. Allzu hohe Absätze vermitteln einen sehr kippeligen Eindruck (nicht zu Unrecht). Wirkung: Die Frau steht auf wackeligen Beinen. Kein Eindruck, mit dem man im Business ernst genommen wird.
- *Erfolgreiche Frauen machen sich nicht künstlich schmal. Männer sind anders gebaut als Frauen.* Bei Männern sind die Schultern so konstruiert, dass die Arme neben dem Körper eher nach außen drehen – daher die breiten Ellbogen. Bei Frauen schmiegen sich die Ellbogen dagegen eher an die „Aussparung“ an der Taille. Frauen machen sich also deshalb schmal, weil sie schmal gebaut sind. Das heißt nicht, dass frau mit dieser Erblast leben muss. Viele Frauen verstärken ihre schmale Wirkung noch, indem sie beim Gehen und Stehen die Arme eng an den Körper pressen. Tun Sie's nicht! Lassen Sie die Arme frei, gelöst und locker hängen – genau diesen Eindruck erwecken Sie dann auch. Die Ellbogen dürfen dabei ruhig nach außen drehen – natürlich nicht so breit wie bei einem Mann, denn schließlich

Freiheit den Ellbogen!

sind Sie keiner. Machen Sie sich nicht schmal. Nehmen Sie mehr Raum ein. Auch beim Sitzen. Sitzen Sie nicht mit angepressten Ellbogen. Freiheit den Ellbogen! In unserer Sprache steckt da viel Wahrheit: Männer haben mehr Ellbogenfreiheit, weil sie den Ellbogen mehr Freiheit geben. Geben Sie sich selbst auch ein bisschen mehr Ellbogenfreiheit. Üben Sie das vor dem Spiegel. Pressen Sie die Arme eng an, dann lockern Sie sie ein wenig. Was ist zu viel? Wann ist es genau richtig für Sie?

- *Erfolgreiche Frauen sitzen anders.* Schlingen Sie die Beine nicht umeinander oder ums Stuhlbein. Das wirkt verkrampft, verunsichert, kleinmädchenhaft, schmal. Einfaches Überschlagen wirkt selbstsicherer. Wer nicht gerade einen Rock anhat, kann die Beine auch mal beim Sitzen nebeneinander stellen. Und wie Sie sitzen, wenn Sie niemand sieht (zum Beispiel im eigenen Büro), ist ohnehin egal.

Winden Sie die Beine nicht ums Stuhlbein!

- *Erfolgreiche Frauen gehen anders.* Nämlich aufrecht, auch bei hochhackigen Schuhen. Das ist der so genannte aufrechte Gang: Die Sprache setzt das ganz richtig mit Aufrichtigkeit und Rückgrat in Verbindung. Denn das ist der Eindruck, den Sie damit erwecken. Das heißt auch: Die richtigen Schuhe tragen! Wenn Sie kippelig herumstöckeln, sieht das zwar aus wie in Hollywood-Filmen – doch ernst nehmen wird Sie dabei keine(r) so richtig.

Üben Sie den „aufrechten Gang"!

- *Erfolgreiche Frauen wippen nicht.* Ein ganz häufig zu beobachtendes unwillkürliches Körpersignal ist das Wippen der Fußspitze des übergeschlagenen Beins. Schauen Sie mal bei Talk-Shows rein – die Hälfte der Frauen macht das. Wenn eine Frau wippt, fällt ihr das meist überhaupt nicht auf – dafür umso mehr dem Gegenüber. Denn dieses Signal ist so auffällig wie ein rotes Tuch. Es signalisiert Langeweile, Ungeduld, Nervosität, Unsicherheit, Ärger, Widerstand ... Und genau diesen Eindruck möchten Sie auf keinen Fall erwecken. Wenn Sie also zu Tode gelangweilt sind, dann zeigen Sie es zumindest nicht körpersprachlich. Sprechen Sie es lieber verbal an. Dann kann man drüber reden. Erfolgreiche Frauen wippen nicht – sie verbalisieren die Langeweile und stellen sie dann ab.

Wippen signalisiert Langeweile.

Checkliste

- ❒ Machen Sie sich bewusst: Eine unbewusste Körperhaltung ist für Männer eher nützlich, für Frauen eher schädlich.
- ❒ Machen Sie sich Ihre Körperhaltung bewusst – nicht immer, aber immer öfter und immer dann, wenn Sie einen guten Eindruck machen oder sich durchsetzen möchten.
- ❒ Wie stehen Sie? Welchen Eindruck erweckt das? Welchen möchten Sie erwecken?
- ❒ Wie gehen Sie? Welchen Eindruck erweckt das? Welchen möchten Sie erwecken?
- ❒ Wie sitzen Sie? Welchen Eindruck erweckt das? Welchen möchten Sie erwecken?
- ❒ Üben Sie gegebenenfalls vor dem Spiegel Haltung und Gang.

Mit einer Handbewegung

Männerhände ...

Auch mit ihren Händen machen Frauen nicht dasselbe wie Männer; die Gestik ist anders – nicht durchgängig, aber in entscheidenden Punkten, aus denen sich der Eindruck einer Persönlichkeit zusammensetzt. Männer spielen zum Beispiel relativ selten mit Haarsträhnen, fassen sich kaum in die Frisur, streichen sich keine Locken aus dem Gesicht, nehmen ganz selten erschrocken die Hand vor den Mund. Dafür legen sie sie manchmal väterlich auf den Arm oder die Schulter von Mitarbeitern und insbesondere Mitarbeiterinnen, sie hauen mit der Faust oder der Handfläche auf den Tisch (bei Frauen kaum vorstellbar), klopfen mit dem Zeigefinger anderen vor die Brust, ballen die Becker-Faust ...
Alle diese Gesten sind im Alltag gegenwärtig, laufen unbewusst ab und werden von uns unbewusst aufgenommen. Gerade des-

halb ergeben sie dieses fatale geschlechtsspezifische Bild, das Frauen im Berufsleben (und anderswo) derart behindert. Welche Wirkung erzielen die eben aufgezählten Gesten?

Körpersignal: Gestik
Wirkung bei Männern: Sie unterstreichen mit Händen ihre Wichtigkeit.
Wirkung bei Frauen: Sie unterstreichen damit ihre Attraktivität.

Attraktivität ist buchstäblich schön und gut – doch damit allein kommt frau nicht weiter. Es werden entgegen landläufigen Ammenmärchen sehr wenige Frauen wegen ihrer Attraktivität zu Projekt-, Abteilungs- und Bereichsleiterinnen ernannt. Attraktivität hilft wenig, wenn es darum geht, sich durchzusetzen, das zu bekommen, was einem zusteht. Die Vorschläge von Frauen werden nicht deshalb notorisch weniger beachtet, umgesetzt und anerkannt, weil Frauen unattraktiver als Männer wären. Sie sind es nicht. Attraktiv zu sein ist schön. Doch wenn es das Einzige ist, was frau ist beziehungsweise wie sie wirkt, ist es zu wenig, um im Beruf das zu bekommen, was ihr zusteht.

Wohin mit den Händen?

Checkliste

- ❒ Achten Sie in wichtigen Situationen ganz bewusst darauf, was Ihre Hände tun, und steuern Sie das sanft.
- ❒ Fragen Sie sich: Was sagen meine Hände gerade über mich? Ist es das, was ich über mich sagen möchte? Wenn nicht, was kann ich tun? Was können meine Hände tun?

- ❐ Gewöhnen Sie sich vor allem so genannte Marotten ab, zum Beispiel die Hände beim Sitzen zwischen die Knie oder unter ein Bein klemmen.
- ❐ Achten Sie auf typische Gesten der Unsicherheit oder Langeweile: Hände kneten, am Schmuck drehen, an der Kleidung oder der Frisur spielen, Daumen drehen ...
- ❐ Wenn Sie nervös sind, lassen Sie die Nervosität nicht über das Ventil Gestik ab. Wählen Sie ein anderes Ritual. Wenn Sie zum Beispiel die Zehen in den Schuhen bewegen, sieht das keiner.
- ❐ Wenn Sie allerdings Ihr Gegenüber nonverbal darauf aufmerksam machen wollen, dann setzen Sie diese Gesten bewusst ein. Spielen Sie zum Beispiel so lange mit abgewandtem Blick mit dem Kuli, bis der Partner merkt, dass er zum Punkt kommen soll.
- ❐ Immer wieder eine widerspenstige Strähne aus dem Gesicht schieben – das merkt frau selbst kaum, weil es automatisch passiert. Doch den Gesprächspartner macht so ein Tick wahnsinnig – kein Eindruck, den frau erwecken möchte. Sorgen Sie für eine business-taugliche Frisur!
- ❐ Setzen Sie Ihre Hände dafür ein, das gestisch zu unterstreichen, was Sie sagen – nicht um Ihre Frisur oder Kleidung zu unterstreichen.
- ❐ Betrachten Sie diese unterstreichende Gestik unbedingt zuerst im Spiegel – denn ohne diese Kontrolle rutschen selbst business-erfahrenen Frauen oft Gesten durch, die so imposant und aufgesetzt wirken, dass sie lächerlich sind. Kein erstrebenswerter Eindruck.
- ❐ Wiederholen Sie bestimmte Gesten nicht zu oft – auch wenn sie Ihnen eindrucksvoll erscheinen.
- ❐ Lassen Sie Ihr Hände nicht „flattern“, zum Beispiel vom Kuli zum Haar, vom Haar zur Kleidung, von der Kleidung zu den Unterlagen und zurück zum Kuli – und das alles in weniger als fünf Sekunden.

- Halten Sie Ihre Hände ruhig und unterstreichen Sie maßvoll und pointiert.
- Hände falten und Finger verschränken sind Gesten, die unsicher, nach Halt suchend, verschlossen und brav wirken. Achten Sie darauf, ob dieser Eindruck zur aktuellen Situation passt.
- Sie können durchaus reden, denken und nebenher Ihre Gestik beobachten. Das geht – aber erst nach etwas Übung. Danach geht es allerdings automatisch und ohne dass Sie daran denken müssten.
- Sie können damit rechnen, dass Ihnen schon nach wenigen Tagen die neue Gestik mächtig Spaß macht.
- Beobachten Sie bewusst, wie andere auf Ihre Signalgesten reagieren, und freuen Sie sich an der Wirkung: kleine Geste, große Wirkung.

Ritualisierte Gesten

Dass Frauen anders reden und führen als Männer, ist bekannt. An erfolgreichen Business-Frauen fällt auf, dass etliche von ihnen ein sehr fortgeschrittenes Stadium der Gestik erreicht haben. Sie sind quasi Championessen der Körpersprache geworden. Während die männlichen Kollegen sich mühsam, lautstark und oberlehrerhaft verbal durchsetzen müssen, setzen diese Frauen ganz bewusst Signalgesten ein. Das wirkt wie Magie.

z.B

Gertrud Berg zum Beispiel muss bei der Montagsbesprechung nie einen Mitarbeiter bitten, auf den Punkt zu kommen – sie schaut einfach nur bedeutsam auf ihre Armbanduhr. Die Mitarbeiter verstehen den Wink mit dem Zaunpfahl – und parieren prompt. Früher hat sie die Mitarbeiter mit einem Blick auf die Uhr und auffordernden Worten zur Ordnung gerufen. Heute muss sie nichts mehr dazu sagen, weil jeder weiß, was der Blick auf die Uhr bedeuten soll.

Die Abteilungsleiterin hat viele solcher Gesten, auf die sie ihre Mitarbeiter trainiert hat (die Fachfrau spricht von Konditionierung). Wenn sie zum Beispiel einen Mitarbeiter kräftig zurechtweisen will, schiebt sie stets ihre Brille weiter nach vorne, um ihn über den Brillenrand hinweg anzusehen. Die Mitarbeiter haben diese Geste schon so weit internalisiert, dass Gertrud lediglich an die Brille greifen muss, um den Mitarbeiter sofort zur Ordnung oder zu einer Entschuldigung zu bringen – ohne dass sie auch nur ein Wort sagen muss.

„Grünes Licht" für die „offene Hand"

Wenn Gertrud das Projekt, Konzept oder den Vorschlag eines Mitarbeiters gut findet, hält sie ihm einfach schweigend und lächelnd die offene Hand hin – damit er ihr sein Papier oder seine Planung übergeben kann. Deshalb spricht man in ihrer Abteilung nicht davon, dass ein Projekt „grünes Licht", sondern dass es die „offene Hand" bekommt. Die Mitarbeiter lieben diese kleinen Rituale. Körpersprache kann weitaus begeisternder sein als gesprochene Sprache; wenn sie bewusst eingesetzt wird.

Ein Gesicht, das Bände spricht

Männer setzen sich schneller, leichter und öfter durch als Frauen. Sie bekommen für weniger Leistung mehr Anerkennung. Sie werden eher gehört und beachtet. Wenn Sie wissen wollen, warum, brauchen Sie beide Geschlechter lediglich im Berufsalltag zu beobachten. Das ist interessant und tragisch zugleich. Nehmen wir einen ganz normalen, alltäglichen Satz aus dem Dialog zwischen Vorgesetztem und Mitarbeiter: „So geht das nicht!"

Wenn ein Vorgesetzter diesen Satz sagt, korrigiert der Mitarbeiter sofort seinen Fehler. Sagt eine Vorgesetzte denselben Satz, fängt der Mitarbeiter erst einmal an, sich zu rechtfertigen, Widerspruch einzulegen oder beleidigt zu sein. Warum? Dafür müssen wir uns nur einmal die Mimik (siehe Abbildung 5) an-

Abb. 5: „So geht das aber nicht!" Welches Gesicht verhilft dem Satz eher zur beabsichtigten Wirkung?

schauen. Der Vorgesetzte schaut wild entschlossen und richtig böse, die Vorgesetzte schaut eher bedauernd und mitleidig. Natürlich tun das beide völlig unbewusst! Das ist das Tragische daran. Die Bullenbeißer-Attitüde des Mannes wird paradoxerweise sofort belohnt, während die konziliante Körpersprache der Frau genauso unbewusst und automatisch sofort bestraft wird. Es lohnt sich also sehr, die eigene Mimik so zu gestalten, dass Sie das bekommen, was Sie erreichen möchten.

Arbeiten Sie an Ihrem Lächeln

Frauen lächeln sehr viel öfter als Männer. Was im Privaten durchaus Vorzüge hat, ist im Beruflichen ein todsicheres Selbstsabotage-Rezept. Da Lächeln eine unbewusste und automatische Reaktion ist, lächeln Frauen unbewusst und automatisch auch zur Unzeit, zum Beispiel

Bitte nicht lächeln!

- ➔ wenn ein Kollege einen peinlichen Witz erzählt. Sie wollen damit die Peinlichkeit überspielen, doch der Kollege missversteht das als Zustimmung.
- ➔ wenn der Chef oder die Chefin ihnen eine Gardinenpredigt hält. Sie wollen damit buchstäblich gute Miene zum bösen Spiel machen, doch der Chef missversteht das gänzlich und fühlt sich dadurch provoziert, weshalb er noch heftiger predigt, was die Frau noch stärker erschüttert, weshalb sie noch fester lächelt ...
- ➔ wenn ein Mitarbeiter oder Kollege einen Bock geschossen hat – um es dem Mitarbeiter nicht ganz so schwer zu machen. Dieser missversteht das jedoch und denkt: „Ach was, alles halb so schlimm!“

Lächeln Sie ruhig – aber bewusst!

Blickkontakt mit Lächeln wirkt freundlich und nett. Blickkontakt ohne Lächeln kann je nach Mimik drohend, seriös, skeptisch, ernst oder besorgt wirken. Also fragen Sie sich stets: Wie will ich denn gerade wirken? Nett oder kompetent? Je nachdem, wie Ihre Antwort ausfällt, gestalten Sie Ihre Mimik. Das geht übrigens viel schneller als das Lesen dieser Zeilen. Diese bewusste geistige Rückkopplung der Mimik kriegen Sie schon mit wenig Übung binnen Sekundenbruchteilen hin.
Viele Frauen lächeln auch bei doofen Witzen, Störungen, Peinlichkeiten, ja selbst bei einer Anmache noch. Sie lächeln „trotzdem“. Warum? Weil sie damit ihre Unsicherheit überspielen möchten. Tun Sie's nicht. Denn damit provozieren Sie nur weitere Belästigungen – weil der Störer an Ihrem Lächeln abliest, dass es Ihnen gefällt! Leider gehen viele Fälle von sexueller Belästigung auf gerade dieses fehlgeleitete Lächeln zurück.

Gewöhnen Sie sich das „Trotzdem-Lächeln" komplett ab

Denn wo es nichts zu lachen gibt, gibt es auch nichts zu lächeln. Wenn Sie einer anmacht, dann sollte das auch Ihre Mimik zeigen – sonst macht er weiter! Wenn der Chef ein ernstes Wort mit Ihnen redet, dann sollte auch Ihre Mimik ernst sein – sonst fühlt sich der Chef nicht ernst genommen! Wie gewöhnen Sie sich das Trotzdem-Lächeln ab? Ganz einfach, indem Sie darauf achten. Das reicht meist schon. Wer sich wohler dabei fühlt, kann auch ein Körpersprache-Seminar besuchen, auf dem so etwas ausgiebig geübt wird. Auch ein guter Coach kann helfen – wobei der Coach einer Business-Frau beim Thema Körpersprache aus nahe liegenden Gründen immer eine Frau sein sollte.

Wo es nichts zu lachen gibt, gibt's auch nichts zu lächeln.

Viele Frauen im Berufsleben lächeln auch, wenn sie schlechte Nachrichten überbringen, Fehler korrigieren, Kritik üben oder negatives Feedback geben müssen. Warum? Viele sagen: „Ich möchte nicht zu hart mit den Leuten umspringen. Was ich zu sagen habe, ist schon hart genug." Daher sagen sie dann Dinge wie „So geht das leider nicht weiter!" – und lächeln dabei. Das ist zwar gut gemeint, funktioniert jedoch überhaupt nicht. Das liegt am Dominanz-Prinzip der Körpersprache.

!

Das Dominanz-Prinzip der Körpersprache: Widersprechen sich verbale und nonverbale Botschaft, glaubt der Empfänger der nonverbalen.

Das leuchtet Ihnen ein, denn Sie haben noch (aus Kapitel 1) das Wirkungsverhältnis im Kopf: Was wir sagen, beeinflusst andere nur zu 7 Prozent. Wie wir es sagen (Körpersprache und Stimmführung), beeinflusst andere dagegen zu 93 Prozent. Deshalb ist es logisch, dass Ihre nonverbale Botschaft eher geglaubt wird.

Senden Sie keine widersprüchlichen Botschaften: Verbale und nonverbale Sprache müssen zusammenpassen – wenn Sie verstanden werden und überzeugend wirken wollen.

Passen sie nicht zusammen, senden Sie zwiespältige Botschaften, die

- nicht verstanden werden,
- Ihr Gegenüber in Verwirrung stürzen und
- auf Sie zurückfallen, wenn sich alle fragen: „Was will sie denn nun?“

Wenn Sie schon gute Miene zu einer schlimmen Nachricht machen wollen, dann machen Sie das nicht *gleichzeitig*, sondern *davor* und *danach*.

Das kann zum Beispiel so ablaufen:

- „Es ist leider ein gravierender Fehler unterlaufen.“ (Hier ist ein bedauerndes Lächeln noch angebracht.)
- „Kunde Meier wurde falsch beliefert und ist nun sauer.“ (Hier darf frau nicht lächeln – das würde die Botschaft völlig entwerten.)
- „Ich erwarte von euch, dass A-Kunden generell gesondert disponiert werden.“ (Auch hier ernster Blick und ernste Miene.)
- „Das kriegt ihr bestimmt hin – und damit ist das Ganze auch kein Problem mehr.“ (Wenn sie hier wieder lächelt, ist das perfekt – denn das Lächeln motiviert die Mitarbeiter, ihre Anweisung tatsächlich auszuführen.)

Wenn Frauen zicken

Frauen sind im Berufsleben oft als Spielverderberin, Skeptikerin, Zicke, Kassandra und Miesmacherin verschrien und werden deshalb geschnitten, bekämpft, nicht anerkannt, benachteiligt und diskriminiert. Manche Frauen überlegen es sich deshalb doppelt und dreifach, ob sie im Projekt, Team oder Meeting überhaupt den Mund aufmachen sollen – doch genau daran liegt es in der Regel nicht. Es liegt nicht am Verbalen, es liegt am Nonverbalen.

z.B

Betrachten wir ein Beispiel. Frank erzählt Petra gerade von seiner neuen Projektidee. Frank ist total enthusiastisch, obwohl die Idee hanebüchen ist. Doch das sagt Petra nicht – man möchte ja nicht unhöflich sein. Trotzdem sagt Frank nachher zu Stefan: „Warum denkt die Petra eigentlich, dass sie was Besseres ist?“ Weil sie sich ihrer Wirkung nicht bewusst ist (siehe Abbildung 6).

Der „Maria hilf!“-Blick

Viele Frauen zeigen oft ganz unbewusste nonverbale Signale der Ablehnung oder Irritation. Sie *sagen* nichts, aber sie *zeigen* es (unbewusst). Das verletzt das Gegenüber viel stärker. Über ein offenes Wort könnte man noch reden, doch „wenn Petra wieder diesen ‚Maria hilf!'-Blick aufsetzt“, sagt Frank, „dann seh ich doch genau, was sie von mir hält!“
Besonders tragisch ist, dass gerade die kompetentesten und talentiertesten Frauen unter diesem Phänomen leiden. In vielen Bran-

Abb. 6: Vermeiden Sie unbewusste Signale der Ablehnung.

chen fällt auf, dass gerade sie „auf der Abschussliste" stehen, vom Chef diskriminiert werden, während die (Entschuldigung) dralle Blonde von der Rezeption Chefs Liebling ist. Warum? Weil die Blondine die Augen aufreißt, wenn der Chef mit einer neuen Idee prahlt, während die kompetente Mitarbeiterin im Meeting unbewusst die Stirn in Falten legt, wenn der Chef seine neuesten Utopien proklamiert – das reicht schon, um bei vielen Chefs auf die Abschussliste zu geraten. Vor allem, wenn man solche unbewussten Signale permanent aussendet.

Gewöhnen Sie sich unbewusste Ablehnungssignale komplett ab

Frauen sollten die Unterstützung eines Körpersprache-Coach suchen, wenn ihre Ablehnungssignale habituiert, zur festen Gewohnheit geworden sind. Denn dann kann frau diese alte Gewohnheit oft nicht ohne Expertenhilfe abschütteln. Viele Frauen runzeln zum Beispiel automatisch die Stirn oder kauen an der Lippe oder kneifen die Brauen zusammen, wenn sie besonders aufmerksam zuhören. Das Gegenüber muss das aber als Ablehnung auffassen! Aber was soll frau machen, wenn sie seit 35 Jahren beim Zuhören runzelt und das noch nicht einmal bemerkt? Einen guten Coach suchen.

Setzen Sie Ablehnungssignale bewusst ein!

Solange diese Ablehnungssignale unbewusst ablaufen, schädigen sie Frauen. Bewusst eingesetzt sind sie Gold wert: Man kann einem anderen Menschen mimisch mitteilen, was man vom Gesagten oder Gezeigten hält – ohne ein böses Wort zu verwenden. Ein erstauntes Hochziehen der Augenbrauen löst zum Beispiel sofort und vor allem unbewusst eine Erklärung beim Gegenüber aus. Wer an der Lippe kaut, signalisiert Unentschlossenheit, die das Gegenüber mit einer Verbesserung seines Angebots beseitigen kann – ohne dass frau darum bitten müsste!

Mit Engelszungen reden

Wir erinnern uns: 38 Prozent unserer Wirkung hängen von unserer Stimmführung ab. Männer haben in der Regel eine tiefe und langsame Stimme, was Seriosität, Autorität, Verlässlichkeit, Verantwortungsgefühl und Durchsetzungskraft suggeriert – übrigens auch bei Frauen. Frauen sprechen in der Regel höher und schneller. Eine natürliche Benachteiligung der Frau sozusagen. Wenn Sie möchten, dass man Sie ernst nimmt, Ihnen zuhört, Sie respektiert und Ihre Ideen annimmt, Ihnen Anerkennung zuteil wird und Sie vorankommen, dann sollte Ihre Stimme nicht

➔ kleinmädchenhaft,
➔ naiv,
➔ zu schnell oder zu hoch,
➔ weinerlich oder
➔ vorwurfsvoll

klingen. Sie sollten vielmehr eine „erwachsene" Stimme haben: beherrscht, gut moduliert, ernst zu nehmend, überlegt, selbstsicher, ruhig, beruhigend, aber kraftvoll. So ungewohnt und heikel es auch ist:

Das beste Mittel zur Verbesserung der Stimme ist das Tonband

Besprechen Sie eine Kassette oder Disc – und hören Sie sich zu. Das kostet manchmal große Überwindung. Denn oft ist man echt schockiert: „Was? So höre ich mich an?" Doch das gibt sich rasch. Wenn es sich nicht gibt, können Sie immer noch einen Stimmtrainer einschalten – was zum Beispiel Vorstandsmitglieder und andere Spitzenmanagerinnen recht oft tun. Sie wissen: Die Stimme ist ein Führungsinstrument.

Das Tonband hat vor allem einen großen Vorteil: Sie können damit Sprechmacken abstellen. Keine Bange, solche Macken hat jeder und jede. Das ist weder etwas Besonderes noch etwas Schlimmes. Häufige Ticks sind zum Beispiel:

Ticks beim Sprechen

- → am Ende jedes Satzes mit der Stimme noch oben zu gehen (das wirkt unsicher, weil es so scheint, als ob frau ständig die eigenen Aussagen in Frage stellt)
- → sich ständig selbst zu überholen oder zu verhaspeln
- → zu monoton zu reden
- → zu schulmeisterlich zu sprechen
- → ständig mit verstecktem Vorwurf zu sprechen
- → Lieblingsworte dauernd zu wiederholen

Welche Ticks entdecken Sie an sich? Gewöhnen Sie sie sich ab. Wie? Mit Achtsamkeit: Indem Sie sich das Unbewusste bewusst machen und darauf achten. Hören Sie sich einfach beim Sprechen zu (das geht leicht) und üben, üben, üben Sie. Übrigens: Auch die beste Freundin oder ein anderer Vertrauter kann Sie auf Sprechticks aufmerksam machen, wenn Sie sie oder ihn danach fragen. Sie sollten allerdings mit Feedback umgehen können; das heißt, Sie sollten den anderen nicht für sein ehrliches Feedback bestrafen, auch wenn es für Sie unvorteilhaft ist.

Kleider machen Leute

Zur Körpersprache gehört auch das, womit der Körper bedeckt ist:

Checkliste

- ❐ Was Sie tragen, muss unbedingt zum Dresscode, zur Kleiderordnung an Ihrem Arbeitsplatz passen.
- ❐ Im Klartext: Ihr eigener Stil ist am Arbeitsplatz weitgehend out – es sei denn, er passt zufällig zum Dresscode.
- ❐ Wenn Sie im Großen und Ganzen dem Dresscode folgen, dürfen Sie ihn ruhig mit eigenen kleinen Stilmitteln auflockern.
- ❐ Sie dürfen auch ein bisschen besser gekleidet sein – aber niemals besser als der Chef und nur dann deutlich besser als die Kolleginnen und Kollegen, wenn Sie beruflich noch einiges vorhaben.
- ❐ Egal was Sie tragen: Es darf niemals billig, schlampig, unordentlich wirken. Denn Körpersprache-Signale übertragen sich auf die Persönlichkeit (so genannter Halo-Effekt, Halo = Ausstrahlung). Man sagt dann nicht: „Sie kleidet sich schlampig", sondern „Sie ist ja so schlampig!" – obwohl das sachlich nicht stimmen muss. Doch leider gilt: Kleider machen Leute. Wer sich schlampig kleidet, wird auch dafür gehalten.
- ❐ Vermeiden Sie unter allen Umständen Overdressing, von allem zu viel: zu viel Make-up, zu viel Accessoires, Parfüm, Farbe, Designer-Klamotten …
- ❐ Kleiden Sie sich ruhig attraktiv, sofern Ihnen das liegt – aber niemals zu attraktiv. Sie wollen nicht in erster Linie attraktiv wirken, sondern ernst genommen werden. Und das wird frau nur, wenn frau auch kompetent *wirkt*.
- ❐ Kleiden Sie sich auf der anderen Seite jedoch auf keinen Fall wie ein graues Mäuschen. Wer nicht wahrgenommen wird, wird auch nicht ernst genommen.
- ❐ Stimmen Sie Ihre Gerüche aufeinander ab. Alles ist heutzutage parfümiert: Duschgel, Shampoo, Körperlotion … Das sollte alles zusammenpassen und sich nicht „beißen".

Je kürzer der Rock, desto besser?

Die obige Checkliste hört sich selbstverständlich an – sie ist es jedoch nicht! Wenn ich Frauen im Berufsleben beobachte, frage ich mich auf jedem zweiten Gang, in jedem zweiten Büro, ob einige Frauen eigentlich wissen, was sie sich da antun. Ob sie wissen, dass kurze Röcke beim Sitzen noch kürzer werden und die Kollegen alle nur noch auf eines starren. Ob sie wissen, welche ihrer Blusen durchscheinen, welche Hose den Po unvorteilhaft betont und dass das ganze Büro heute nur ein Thema hat: ob sie unter diesem Jackett noch was anhat oder nicht.

Jede Frau sollte sich Gedanken über ihre Berufskleidung machen und wirklich jeden Morgen vor dem Ankleidespiegel fragen: Okay, das gefällt jetzt mir – aber wie wird es auf wen wirken? Und möchte ich wirklich so wirken?

Leisten Sie sich eine Farbberatung!

Übrigens: Eine Farbberatung tut jeder Frau gut. Vor allem dann, wenn sie sich stärker durchsetzen oder anderweitig weiterkommen möchte. Man unterstellt gern, dass Frauen automatisch ein Auge für Farben haben. Das ist ein Mythos, den man spätestens dann erkennt, wenn Frauen eine Farbe tragen, die nun wirklich überhaupt nicht zu ihnen passt.

Viel Holz?

Sie fühlen sich leicht geplättet? Weil Sie so viele verräterische Körpersignale an sich entdeckt haben, die nicht das bewirken, was Sie eigentlich bewirken möchten? Seien Sie nicht überwältigt! Machen Sie einfach halblang. Machen Sie nicht alles auf einmal, fangen Sie ganz, ganz klein an. Selbst der kleinste Fortschritt ist besser als Stillstand und vor allem besser, als vor lauter Überwältigung alles beim Alten zu lassen. Seien Sie sich selbst eine gute, freundliche, maßvolle Begleiterin bei der Veränderung Ihres Auftritts und fangen Sie irgendwo an – jedoch auf keinen Fall bei Ihrer größten Baustelle. Fangen Sie klein an, lernen Sie daran, wie Sie am besten Ihre Körpersprache verändern können, und wachsen Sie an diesen kleinen Fortschritten. Es ist übrigens egal, womit Sie beginnen. Denn bei der Körpersprache hängt alles mit allem zusammen – also kommen Sie auch irgendwann zu allem.

Fangen Sie nicht auf der größten Baustelle an!

3 Präsentationen, Meetings, Vorträge

Das Präsentations-Prinzip: Zeig dich!

Karin und Frank leiten beide jeweils eine Produktgruppe. Frank macht mindestens dreimal im Monat „den Vorturner“, wie er das nennt. Er hält Präsentationen, moderiert Meetings und hält auch schon mal einen Vortrag bei Mitarbeiter- oder Kundenschulungen. Karin beobachtet das mit Kopfschütteln: „Hat der nichts Besseres zu tun? Während er sich da vorne profiliert, machen seine Mitarbeiter seine Arbeit!“ Dr. Müller ist Karins und Franks Chef. Er hält beide für gleich fachkompetent, beide für gleich sozialkompetent. Wen von beiden wird er befördern, wenn der Posten des Senior Product Managers nächsten Herbst frei wird? Wessen Vorschläge akzeptiert er häufiger in Meetings? Für wen hat er mehr Zeit, wenn es um anstehende Entscheidungen geht? Wem sieht er auch mal ein überzogenes Budget nach? Wen von beiden bevorzugt er unverhohlen? Wem gibt er deutlich mehr Anerkennung? Sicher haben Sie es schon erraten: Frank.

Diese offensichtliche Bevorzugung hat jede(r) in der Abteilung schon registriert. Einige Frauen kommentieren das so: „Das ist so typisch! Frauen müssen doppelt so viel leisten wie Männer, um nur halb so viel Anerkennung zu bekommen!“ Ist das nicht ungerecht? Sicher. Es ist aber auch noch etwas anderes; es ist logisch. Es ist zwangsläufig. Denn Karin ist aus Sicht ihres Vorgesetzten unsichtbar.

!

Wer sich unsichtbar macht, muss doppelt so viel leisten, um halb so viel Anerkennung zu bekommen.

Frank ist sehr viel präsenter als Karin. Er leitet Meetings, hält Präsentationen und Vorträge. Er ist dort präsent, wo es drauf ankommt, wo er einen besonders tiefen Eindruck auf Vorgesetzte, Kollegen, Mitarbeiter machen kann. Frank wird besser behandelt als Karin und bekommt eher, was er will, nicht weil er fachkompetenter wäre – er ist es nicht –, sondern weil er präsenter ist.

Präsenz ist wichtiger als Kompetenz: Kompetenz ist nützlich, Präsenz entscheidend

Wer sich präsentiert, wird prämiert.

Ist das nicht eine Sauerei? Wird Leistung nicht mehr belohnt? Zählt die „eigentliche Arbeit" so wenig? Lassen sich Vorgesetzte so leicht hinters Licht führen? Ja. Es gibt zwar Ausnahmen, doch in der Regel wird prämiert, wer sich präsentiert – bei Miss-Wahlen ist das übrigens nicht anders. Gerade das ist eine der beeindruckendsten Wirkungen suggestiver Körpersprache:

Wer einen guten Eindruck macht, nimmt Menschen für sich ein. Für diesen Eindruck reicht in den meisten Fällen schon bloße Präsenz bei der richtigen Gelegenheit aus.

Frank fällt seinem Chef viel öfter positiv auf als Karin. Er sieht ihn viel öfter in Aktion. Er erlebt ihn öfter ganz persönlich. Dr. Müller kennt Karin größtenteils lediglich von ihren Arbeitsberichten – und diese sind nicht halb so beeindruckend wie der persönliche Eindruck.

„Frauen müssen doppelt so viel leisten wie Männer, um auch nur halb so viel Anerkennung zu bekommen!" Diesen Spruch kann nur im Munde führen, wer die Macht der Präsenz ignoriert oder nicht kennt – oder wer sich um die Eigenpräsentation drücken möchte. So gesehen steckt hinter diesem Spruch weniger emanzipatorisches Protestpotenzial als eine kommode Ausrede. Man

soll sein Licht eben nicht unter den Scheffel stellen. Ein Licht, das unterm Scheffel steht, hat es sehr schwer, wahrgenommen und anerkannt zu werden.
Zeigen Sie sich bei Präsentationen, Meetings, Vorträgen und ähnlichen exponierten Veranstaltungen. Sie haben schon beim bloßen Gedanken daran ein ungutes Gefühl? Dann sind Sie in bester Gesellschaft.

Das Präsentations-Paradoxon

Frank präsentiert und moderiert ungefähr drei- bis viermal so oft wie Karin. Doch wenn Karin tatsächlich mal präsentiert, sind die Zuhörer von ihr begeistert. Das ist nicht nur bei Karin so. Das bestätigt sich auch in unseren Präsentationsseminaren:

- Männer präsentieren gern und gut.
- Frauen präsentieren ungern und besser.

Männer halten sich oft für die geborenen Präsentatoren. Sie sind es mehrheitlich nicht. Frauen präsentieren besser. Gleichgültig, woran das liegen mag, es provoziert ein Paradoxon:

!

Das Präsentations-Paradoxon: Obwohl Frauen besser präsentieren, präsentieren sie weitaus seltener als Männer.

Ich kann nicht …

Sie delegieren Präsentationen und andere Gelegenheiten der Selbstpräsentation an Kollegen oder Teammitglieder, lehnen Präsentationsangebote ab, lassen Kollegen den Vortritt. Immer mit guten Begründungen wie: „Ich kann nicht, ich hab keine Zeit. Ich bin beim Kunden. Ich habe einen Abgabetermin. Ich muss Feuerlöschen gehen. Ich muss mich um Wichtigeres kümmern!“ Das sind alles gute Gründe. Der wahre Grund ist ein anderer:

Im Rampenlicht zu stehen, ist vielen Frauen unangenehm

Im Mittelpunkt zu stehen empfinden viele als ungewohnt, verunsichernd, unverdient. Sie fühlen sich angestarrt, oft auch mit Blicken ausgezogen. Häufig zu Recht, wenn man beobachtet, wo die Kollegen und Chefs während einer Präsentation hinschauen, die von einer Frau gehalten wird. „Die Kerle schauen mehr auf meinen Rocksaum als auf meine Charts", kommentierte unlängst eine meiner Seminarteilnehmerinnen. Selbst wenn dem nicht so ist, leiden viele Frauen unter den späten Folgen einer tief sitzenden Fehlerziehung: „Sei wie das Veilchen im Moose, bescheiden, sittsam und rein, und nicht wie die stolze Rose, die immer bewundert will sein." Es ist unfassbar, doch dieser prähistorische Gouvernantenspruch steht selbst heute noch in Poesie-Alben! Wer solche Sprüche in frühen Jahren für bare Münze nimmt, ist für den Rest des Lebens körpersprachlich gehandicapt. Kein Wunder, dass Männer sich im Beruf durchsetzen! Mädchen hat man das Durchsetzen in frühen Jahren mit solchen Veilchensprüchen gezielt abgewöhnt. Wem nutzt wohl so eine Erziehung, die Frauen klein, unauffällig (und hinterm Herd) halten will? Frauen sicher nicht. Das ist kein Vorwurf an unsere Mütter und Väter – auch sie wussten es oft nicht besser.

Das Veilchen im Moose ist out!

Egal aus welchem Grund Sie sich beim Gedanken an Präsentationen, Moderationen und andere Gelegenheiten der Selbstpräsentation unbehaglich fühlen, unternehmen Sie etwas dagegen! Oder auch nicht.

Sie müssen das nicht wollen

Viele Frauen sehen durchaus ein, dass sie nur deshalb nicht das bekommen, was sie sich (beruflich) wünschen, weil sie zu wenig präsent sind. Aber: „Ich will das einfach nicht. Ich möchte mich nicht auf diese Weise selbst präsentieren." Das ist okay. Wenn Sie ganz zufrieden sind mit dem, was Sie erreicht haben, müssen Sie nicht auf Selbstpräsentationstour gehen. Wenn Sie zwar nicht ganz zufrieden damit sind, wie Sie behandelt werden und was Sie erreicht haben, aber es noch viel unangenehmer fänden, häufiger im Rampenlicht zu stehen, müssen Sie ebenfalls nicht verstärkt sich selbst präsentieren. Dann wählen Sie einfach das kleinere Übel.

Eigenpräsentation ist der Preis fürs Vorwärtskommen

Wenn Sie diesen Preis nicht zu zahlen bereit sind, dann bedeutet das nicht, dass Sie ein schlechter Mensch sind. Es bedeutet lediglich, dass Ihnen dieser Preis zu hoch ist, dass es die Sache nicht wert ist. Diese Erkenntnis erleichtert viele Frauen ungemein: „Ich muss mir hier nicht einen ausreißen und mich profilieren. Ich bin ganz zufrieden mit dem, was ich erreicht habe!"
Einen Haken hat Zufriedenheit mit dem Status quo allerdings: In unseren druckvollen Zeiten reicht es in vielen Firmen nicht mehr, zufrieden zu sein. Denn wer sich zu wenig präsentiert, ist unter Umständen bei den Ersten, die dem Rotstift zum Opfer fallen.
Vorgesetzte fassen mangelnde Eigenpräsentation oft als Zeichen für fehlende Aktivität, mangelndes Engagement und leider auch mangelnde Kompetenz auf.
Sie empfehlen sich nicht mit mangelnder Eigenpräsentation. Das heißt nun nicht, dass Sie ab sofort auf jeder Hochzeit tanzen müssen.

Sie müssen nicht immer präsentieren, moderieren oder referieren – aber ausreichend oft.

Die Faustregel besagt: Präsentieren Sie sich zumindest nicht seltener als der Durchschnitt der Kollegen. Das hatten Sie sich fast schon gedacht? Gut so. Vertrauen Sie auch bei der Eigenpräsentation ruhig Ihrem Bauchgefühl.

Eine Sache der Einstellung

Die meisten Frauen sehen ein, dass sie sich präsentieren müssen, um sich ihre beruflichen Wünsche zu erfüllen. Trotzdem bleibt das ungute Gefühl, die Angst vor dem Rampenlicht, die innere Empörung über das Angestarrtwerden. Das ist normal, doch frau kann es loswerden.

!

Erforschen Sie Ihre innere Einstellung, Ihre Glaubenssätze: Haben Sie noch Sprüche im Hinterkopf wie: „Sei wie das Veilchen im Moose . . .?“

Stellen Sie sich nicht selbst ein Bein!

Oft spuken im Hinterkopf auch Gedanken herum wie: „Ich sollte mich nicht so ins Rampenlicht stellen. Das gehört sich nicht. Was sollen denn die anderen von mir denken? Die halten mich sicher für eine Angeberin!“ Solche unbewussten Gedanken halten uns oft genug davon ab, uns das zu holen, was wir uns wünschen und was uns zusteht. Sie hindern uns an der Verwirklichung unserer Träume. Mit ihnen stellen wir uns selbst ein Bein. Schaffen Sie Abhilfe:

!

Unbewusste Blockaden blockieren nur so lange, wie sie unbewusst bleiben. Machen Sie sich diese hinderlichen Gedanken bewusst. Damit verlieren sie ihre Macht über Sie.

Meist müssen Sie über diese Blockadegedanken nur einmal ganz bewusst nachdenken, damit sie sich im Lichte des gesunden Menschenverstandes als blanker Unfug erweisen. Danach kommen Ihnen bei der Aussicht auf eine Präsentation automatisch andere Gedanken wie: „Warum nicht? Ist doch nichts dabei! Das ist es mir wert. Es bringt mich voran." Mit solchen Gedanken trauen Sie sich ohne weiteres ins Rampenlicht. Bleibt die Frage, wie Sie dort im Rampenlicht dann mit dem Angestarrtwerden fertig werden.

Rezepte erfolgreicher Frauen gegen das Angestarrtwerden

Es soll auch einige Männer geben, die der Präsentation und nicht dem Rocksaum folgen, wenn eine Frau präsentiert – ich kenne übrigens beide namentlich. Scherz beiseite: Männer starren. Natürlich ist das unhöflich, peinlich, kleinhirngesteuert und unzivilisiert. Aber bis die Mehrheit der Männer das mitbekommt, nützt es uns herzlich wenig, wenn wir das hohe Ross der moralischen Entrüstung erklimmen. Moralische Entrüstung hat noch keine Frau vor dem Angestarrtwerden bewahrt.
Für erfolgreiche Frauen im Beruf ist das Problem uralt. Sie werden nicht nur bei Präsentationen oder Vorträgen angestarrt. Beim ersten Kundenkontakt zum Beispiel werden Frauen in leitenden Positionen zuerst überhaupt nicht wahrgenommen (solange der Kunde sie für die Sekretärin hält und auf den „richtigen" Manager wartet), danach werden sie minutenlang nur noch angestarrt. Für viele Frauen ist das der Horror schlechthin. Bezeichnenderweise nicht für Frauen, die es geschafft haben, sich das zu holen, was sie sich vom Leben und vom Beruf wünschen. Diese beneidenswerten Vorbilder haben viele ganz pragmatische Rezepte gegen das Angestarrtwerden entwickelt.

Eine meiner Coaching-Klientinnen hat ein ganz einfaches Rezept: „Wenn ich angestarrt werden, starre ich zurück." Sie sagt: „Ich zeige den Männern, wer länger starren kann. Das ist mir zwar regelmäßig etwas unangenehm – doch dafür sind die Folgen umso angenehmer. Bislang hat noch jeder Mann kapiert, was ich ihm damit sagen will, und klein beigegeben." Übrigens: Lächeln Sie bloß nicht beim Zurückstarren! Das ist ein häufig zu beobachtendes, verhängnisvolles Körpersignal: Wer lächelt, kann nicht starren! Warum nicht? Weil es die falsche Wirkung hervorruft! Ein Mann, der angelächelt wird, fühlt sich fürs Anstarren auch noch belohnt! Wir sehen daran wieder einmal, wie vorteilhaft es sein kann, wenn Sie Ihre Körpersprache beherrschen. Mit einem unbewegten Blick sagen Sie dem Mann schneller und besser als mit hundert Worten: „Lass das!" Das ist die Kraft der suggestiven Körpersprache.

Wer kann länger starren?

z.B

Eine Abteilungsleiterin in einem norddeutschen Chemiebetrieb, die eine wirklich attraktive Erscheinung ist, wird selbst nach zwanzig Berufsjahren immer noch unverhohlen angestarrt. Ihr Rezept: „Was schert es eine deutsche Eiche, wenn ein Schwein sich an ihr kratzt? Ich ignoriere das einfach. Ich habe Besseres zu tun."

Zugegeben, ein etwas rabiates Rezept. Doch für alle Rezepte gilt:

Es gibt kein Universalrezept. Welches Rezept für Sie das beste ist, entscheiden alleine Sie.

Betrachten Sie die Rezepte. Wählen Sie jenes aus, das Ihnen entspricht, bei dem Sie ein gutes Gefühl haben, bei dem Sie sich nicht verbiegen müssen. Sie können auch eigene Rezepte entwickeln oder ein vorhandenes so modifizieren, dass es zu Ihnen passt. Alles ist besser als kein Rezept, als Hilflosigkeit. Etliche meiner Seminarteilnehmerinnen haben ein verblüffend einfaches Rezept: „Ich fasse die Blicke der Männer einfach als Kompliment auf! Schließlich starren Männer nicht ohne Grund!" In Amerika hat

Abb. 7: Schauen Sie nicht weg, wenn Sie angestarrt werden. Starren Sie zurück!

sich dieses selbstbewusste Rezept bereits im Sprachgebrauch verankert: „Give'em something to stare at!" Gib ihnen etwas, was sich anzustarren lohnt, Mädel! Natürlich setzt dieses Rezept ein gerüttelt Maß an Selbstbewusstsein und eine Prise Koketterie voraus. Wer beides mitbringt, hat viel Freude mit dem Rezept. Wer beides nicht mitbringt, sollte die Finger davon lassen. Ein Rezept, das nicht zu Ihnen passt, schadet mehr, als es nützt!
Viele Frauen fürchten sich auch vor dem Angestarrtwerden, weil sie denken: „Die starren nur so, weil meine Frisur nicht sitzt! Weil die Hose am Po aufträgt. Weil meine Beine zu dick sind. Weil ..." Einige Frauen werden dieses unangenehme Gefühl los, indem sie sich einfach vorstellen, dass die anderen durch sie durchschauen. Andere stellen sich die Starrer in Unterhosen vor. Wieder andere sagen sich: „Das ist eine Präsentation! Keine Miss-Wahl! Sonst wäre ich hier im Bikini erschienen! Es geht hier um die Sache, den Inhalt. Alles andere interessiert nicht!" An dieser Stelle sei ein altes Missverständnis ausgeräumt:

!

Männer starren nicht das an, was ihnen missfällt. Der Blick der Männer wird von Vorzügen, nicht von Mängeln, angezogen.

Oder würden Sie behaupten, dass Pamela Andersons Busen ein Mangel ist – in den Augen der Männer? Eben. Bei Frauen ist das anders. Wenn eine dralle Blonde über den Werkshof stolziert, se-

Frauen starren auf Mängel, Männer starren auf Vorzüge.

hen Frauen sofort: „Leggings – bei den dicken Beinen, unmöglich!“, während Männer nur eines im Kopf haben: „Was für ein toller Hintern!“ Wir wissen inzwischen, dass Männer und Frauen unterschiedlich sind – schließlich predigt die Populärliteratur der letzten Jahre uns das in eindringlichster Weise. Nun, ein Unterschied ist dieser: Frauen starren auf Mängel, Männer auf Vorzüge.

> Wenn ein Mann Sie anstarrt, können Sie mit absoluter Sicherheit sagen, dass ihm das gefällt, was er gerade anstarrt.

Das muss Ihnen nicht unbedingt gefallen – aber irritieren muss es Sie noch viel weniger! Es ist harmlos. Für eine intelligente Frau sind starrende Männer keine intellektuelle Herausforderung. Den meisten Männern ist es übrigens überaus peinlich – danach. Wenn sie beim Anstarren sind, merken sie es meist nicht.

Den Preis für die kokatteste Erwiderung erhält übrigens eine Seminarteilnehmerin, die es tatsächlich fertig bringt, starrende Männer mit den Worten anzusprechen: „Na, gefällt Ihnen, was Sie sehen?“ Neun von zehn Männern ist es spontan peinlich, beim Anstarren erwischt zu werden. Und mit fünf von zehn entwickelt sich danach ein ganz brauchbares Gespräch. Was eine weltgewandte Frau alles als Auslöser für Small Talk verwendet, ist schon erstaunlich und erfreulich.

Ein völlig anderes Rezept verwenden einige meiner Coaching-Klientinnen: Aufwerten durch Abwerten. Werden sie angestarrt, picken sie sich einfach einen offensichtlichen Mangel am starrenden Mann heraus und denken sich: „Du mit deiner… (Wampe, fettigen Frisur, unmöglichen Krawatte …) musst gerade glotzen! Gerade du hast es nötig!“

Egal für welches Rezept oder welche Rezepte Sie sich entscheiden: Rezepte funktionieren selten auf Anhieb – nicht einmal Backrezepte. Geben Sie sich eine Hand voll Übungsanläufe. Danach klappt’s auch mit dem Rezept.

Üben Sie wie immer von klein nach groß: Beginnen Sie nicht gerade mit dem Mann, vor dessen starrenden Blicken Sie sich am meisten fürchten.

Lassen Sie Gnade vor Recht walten!

Übrigens: Viele Frauen sind doppelt empört, wenn der Chef sie anstarrt. Natürlich sollte ein guter Vorgesetzter das nicht machen. Doch gute Vorgesetzte sind selten. Man geht von ungefähr 20 Prozent aller Manager aus. Beim Rest sollten Sie einfach Gnade vor Recht walten lassen. Erinnern Sie sich daran, dass der Chef zwar Chef, aber irgendwo auch nur ein Mann ist. Das ist zwar nicht toll, aber was soll frau machen? So sind die Männer nun mal. Bis sie sich ändern, sollte frau zumindest damit umgehen können.

Sich selbst präsentieren

Checkliste

- ❒ Viele Frauen glauben, dass es bei Präsentationen, Meetings oder Vorträgen vor allem auf den Inhalt, die Kompetenz ankommt. Verabschieden Sie sich rasch von diesem Irrtum.
- ❒ Merken Sie sich: Sie können niemals nur den Inhalt präsentieren – Sie präsentieren dabei immer auch sich selbst.
- ❒ Also präsentieren Sie sich wirkungsvoll. Überlegen Sie sich stets vorab: Welche Wirkung möchte ich denn erzielen? Stimmen Sie darauf Ihre Erscheinung ab.
- ❒ Gehen Sie ganz beruhigt in jede Präsentation, jedes Meeting oder jeden Vortrag: Frauen, die zumindest über die grundlegendsten Kommunikationsinstrumente verfügen, präsentieren in der Regel besser als Männer und kommen auch beim Publikum besser an. Dieser Vorteil gibt Ihnen Sicherheit!
- ❒ Treten Sie immer dem Anlass, dem Präsentationsziel und der Zielgruppe entsprechend auf. Dafür klären Sie zunächst einmal genau den Anlass, das Ziel und die Zielgruppe. Welches Auftreten erwartet meine Zielgruppe denn von mir?

- ❐ Falls Sie im Zweifel sind: Fragen Sie die Zielgruppe einfach. Reden Sie mit einigen Leuten, die Sie schon kennen.
- ❐ Kleiden Sie sich immer einen Tick edler als das Publikum. Aber: Es gibt einen Unterschied zwischen einem Tick und Overdressing.
- ❐ Trotz edler Kleiderwahl: Wählen Sie grundsätzlich nur Kleidung, in der Sie sich wohl fühlen. Fühlen Sie sich darin unbehaglich, merkt das auch das Publikum – keine erwünschte Wirkung.
- ❐ Widerstehen Sie der Versuchung, gerade zu eher informellen Präsentationen und anderen Veranstaltungen zu leger gekleidet zu gehen. Sie senden damit die Botschaft: „Leute, was hier abgeht, nehme ich nicht wirklich ernst!" Sie denken das vielleicht nicht – doch so kommt das an.
- ❐ Den schwarzen Hosenanzug? Das Business-Kostüm? Oder doch lieber den Rock? Egal wofür Sie sich entscheiden: Es muss zu Ihrem Typ passen! Falls Sie diesbezüglich im Zweifel sind (Frauen werden nicht mit Kompetenz in Kleidungsfragen geboren), fragen Sie jemand, der sich damit auskennt (Freundin, gute Verkäuferin, Stilberaterin ...).
- ❐ Wenn Sie beruflich wirklich Erfolg haben wollen, kommen Sie um eine Beratung durch eine Stylistin nicht herum. Diese Investition lohnt sich, da viele Frauen immer noch in Kleidern und Farben durchs Business gehen, die selbst für das ungeübte Auge nicht zu ihnen passen. Viele Frauen kleiden sich auch einfach zu unauffällig, während andere wiederum zu auffällig sind. Das ist vermeidbar.
- ❐ Beliebter Anfängerfehler: Setzen Sie nicht mit Ihrer Kleidung einen Blickfang! Das wirkt zu aufdringlich im Business. Den Blickfang setzen erfolgreiche und stilsichere Business-Frauen mit einem Accessoire (Brosche, Halskette, Armreif, Ohrringe ...). Doch Vorsicht: Man kann dabei leicht danebengreifen. Beratung ist ratsam (Freundin, Verkäuferin, Stilberaterin ...).

Selbstsicher präsentieren

Natürlich zählt bei Präsentationen und anderen Anlässen nicht nur die Kleidung. Es kommt auch auf die anderen Signale der Körpersprache an: Mimik, Gestik, Körperhaltung. Wie sollten Sie (sich) präsentieren? Wie sollen Sie auftreten?

Präsentieren Sie stets selbstsicher, kompetent und gewinnend

Denn damit überzeugen Sie Ihr Publikum immer noch am besten. Erfolgreiche Business-Frauen haben hierbei einen großen Vorteil. Sie lächeln bei Präsentationen öfter, wirken lebhafter, unterhalten besser und halten besser Kontakt zum Publikum – wenn sie endlich aus den Startlöchern kommen und sich tatsächlich eine Präsentation zutrauen.
Schauen Sie anderen Frauen bei Präsentationen, Meetings oder Vorträgen zu. Was macht die Mimik? Etliche Frauen präsentieren mit unbewegtem Gesicht. Warum? Um dem Ernst der Sache gerecht zu werden: „Schließlich geht es um Sachfragen!" Das ist gut gemeint, kommt aber ganz anders an – ein typischer Störeffekt bei Körpersignalen. Das Publikum denkt dabei nämlich: „Die nimmt sich aber wichtig!" Oder: „Warum ist die so unsicher?" Wer seriös wirken will, wirkt nämlich meist oberlehrerhaft und langweilig oder verunsichert. Daher:

Lassen Sie bei Präsentationen Ihre Kompetenz spielen. Doch tun Sie das immer mit ein wenig Charme, Humor und gelegentlich einem Augenzwinkern.

Weiblicher Charme ist ein Grund, warum Frauen besser präsentieren, sobald sie die Hemmschwelle überwunden haben. Kommen Sie nicht damit, dass Ihnen das nicht liegt! Erstens hat

Charme überhaupt nichts mit Anbiederung zu tun. Und zweitens hat jede Frau ihren eigenen Charme. Entdecken Sie Ihren und beglücken Sie Ihr Publikum damit. Sie müssen sich nicht verbiegen, um charmant zu sein.

Seien Sie charmant!

Ein zweiter Fehler, den vor allem junge Frauen im Business machen: Sie lächeln bei Präsentationen zu viel. Das tun sie aus verschiedenen Gründen. Zum einen ist es eine meist unbewusste Reaktion, um mit dem Lampenfieber fertig zu werden. Zum anderen lächeln sie, weil sie damit ihr Publikum besänftigen und gewinnen wollen. Sie wollen gemocht werden – eine legitime Absicht.

Aber wer zu viel lächelt, lässt Zweifel an seiner Kompetenz, seinem Engagement und der Durchsetzungskraft aufkommen. Das Publikum denkt: „Nett ist sie ja – aber sie hat nicht wirklich was drauf."

Wer zu viel lächelt, wirkt klein, unterwürfig, harmlos. Also: Setzen Sie Ihr Lächeln – wie jedes andere Körpersignal auch – wohl dosiert ein. Die Dosis macht die Wirkung. Hier und da ein Lächeln einstreuen ist okay und wirkt.

Setzen Sie Ihr Lächeln wohl dosiert ein!

Wer ganz automatisch lächelt, um sympathisch zu wirken, sabotiert seine eigene Wirkung vor allem dadurch, dass Inhalt und Körpersprache ziemlich oft nicht zusammenpassen. Neulich präsentierte eine Projektleiterin den in Verzug geratenen Terminplan ihres Projekts – und lächelte dabei! Sie lächelte zwar entschuldigend, doch bei den anwesenden Topmanagern war sie nach dem Meeting unten durch: „Was gibt's bei so miesen Zahlen noch zu grinsen?"

Mimik und Inhalt müssen stets zusammenpassen!

Wenn Sie Erfreuliches vermelden, dürfen Sie sich erfreut zeigen. Präsentieren Sie Ernstes, geben Sie auch sich ernst.

Präsentationsticks abgewöhnen

Wenn Sie Frauen bei Präsentationen und anderen Vortragsgelegenheiten zuschauen, werden Sie feststellen, dass etliche von ihnen mimische Ticks entwickelt haben. Die eine spitzt zum Beispiel, während sie ihre Folien sortiert, ständig unbewusst die Lippen. Die andere nagt an der Unterlippe. Die Dritte runzelt permanent die Stirn – eine berühmte deutsche TV-Richterin ist dafür ein abschreckendes Beispiel. Während 45 Minuten Sendezeit legt sie 45 Minuten lang die Stirn in fünf Falten. Das bringt selbst den geduldigsten Zuhörer mit der Zeit auf die Palme.

Mimische Ticks sind nicht schlimm – sofern Sie sie abstellen

Wie? Indem Sie einfach eine gute Freundin danach fragen oder vor dem Spiegel üben. Beides ist gewöhnungsbedürftig, aber absolut lohnend. Diese Ticks haben nämlich deshalb eine so fatale Wirkung, weil sie nicht als Ticks wahrgenommen werden. Nicht der Tick wird vom ungeschulten Beobachter wahrgenommen, sondern dessen Wirkung. Über die erwähnte TV-Richterin sagen viele Zuschauer: „Was macht die Frau sich immer wichtig!" Oder: „Ihr bloß zuzusehen ist schon anstrengend!"

Beobachten Sie sich selbst oder lassen Sie sich von einer Vertrauten beobachten. Entdecken Sie dabei etwaige mimische Ticks. Üben Sie ein wenig vor dem Spiegel, um den Tick bewusst abzustellen. Danach reicht es völlig, wenn Sie bei der nächsten Gelegenheit einfach bewusst darauf achten: Das Bewusstsein verhindert unbewusste Ticks. Wirkungsvolle Körpersprache ist nicht schwer – Sie müssen lediglich darauf achten.

Übrigens: Wer sich an keine Freundin wenden kann oder wirklich intensiv an der Mimik arbeiten möchte, kann das natürlich

Abb. 8: Eine eindrucksvolle Mimik – doch wenn sie das ständig macht, geht es dem Publikum mächtig auf die Nerven.

auch im Coaching oder in guten Präsentationsseminaren tun. Professionelles Feedback ist immer gut, wenn kollegiales Feedback nicht verfügbar oder ausreichend ist.

Die Gestik bei der Präsentation

Was machen Ihre Hände, wenn Sie vortragen? Sie haben noch nie darauf geachtet? Tun Sie's mal. Damit Sie mit eigenen Augen sehen, welche verräterischen Signale Ihre Hände oft senden. Diese Torpedo-Signale sind teilweise geschlechtsspezifisch: Männer klammern sich in der Regel verkrampft am Rednerpult oder am Zeigestock fest, Frauen stehen eher wie festgemauert hinter dem Pult, dem Tisch oder dem Projektor, die Arme verkrampft an den

Körper gepresst oder unbeweglich auf den Unterlagen. Und genauso wirkt das auch: verkrampft, unsicher, wenig kompetent, wenig überzeugend, wenig vertrauenerweckend, langweilig.

> Bemühen Sie sich um eine lebendige Gestik: Damit unterstreichen Sie die Inhalte Ihres Vortrags.

Das kann niemand auf Anhieb. Das müssen Sie erst üben. Sie wissen es inzwischen: vor dem Spiegel. Welche Geste passt zu welchem Inhalt? Darüber müssen Sie lediglich Sekundenbruchteile nachdenken – und auch das nicht oft. Denn schon nach wenigen Versuchen machen Sie das ganz automatisch.

Hören Sie auf, zu flattern!

Viele Frauen haben bei Vorträgen unruhige Hände. Sie „flattern“, fuchteln, zupfen am Ärmel, ordnen die Frisur, spielen am Zeigestab herum. Achten Sie darauf. Lassen Sie sich von einer guten Freundin Feedback geben. Es reicht meist schon, sich diese Flatterbewegungen bewusst zu machen, um sie nach und nach abzustellen und durch eine unterstreichende Gestik zu ersetzen.

> Achten Sie auch darauf, ob Ihre Finger sich zur Faust verkrampfen. Das passiert relativ oft bei Präsentationen oder in Meetings. Natürlich ist die Faust ein Ventil für aufgestauten Stress. Doch sie sendet das falsche Signal: Verunsicherung. Verunsichert wollen Sie nicht wirken. Wenn Sie Ihren Stress mit Muskelanspannung ableiten wollen, dann ballen Sie Ihre Zehen zur „Faust“. Das sieht keiner.

Körperhaltung beim Vortrag

Wie halten Sie sich, wenn Sie präsentieren, referieren, vortragen? Auf keinen Fall statisch. Kleben Sie nicht stocksteif hinterm Pult, neben dem Tageslichtprojektor oder sonstwo fest. Damit wirken

Sie unsicher. Kein Wunder, Sie sind es oft auch. Doch wenn Sie schon unsicher sind, dann können Sie sich genauso gut auch etwas auf dem Podium bewegen. Schaden kann's ja nicht. Im Gegenteil. Sie werden überrascht sein: Sie werden selbstsicherer dabei! Das ist die Folge des Umkehrprinzips, das besagt: Selbstbewusste Frauen haben eine selbstbewusste Körpersprache. Doch wer unsicher ist und trotzdem eine selbstbewusste Körperhaltung einnimmt, fühlt sich dabei auch automatisch selbstbewusst.

!

Das Umkehrprinzip der Körpersprache: Eine selbstbewusste Geisteshaltung macht eine selbstbewusste Körperhaltung. Und umgekehrt: Eine selbstbewusste Körperhaltung macht eine selbstbewusste Geisteshaltung. Denn Körper und Geist befinden sich in ständigem Wechselspiel.

Wechseln Sie den Standort.

Stehen Sie nicht statisch in der Landschaft, bewegen Sie sich ein wenig. Aus der Bewegung heraus fällt auch das Argumentieren leichter. Gehen Sie auch ruhig einmal vom Podium und ins Publikum hinein. Das wirkt mächtig souverän und spricht die Menschen viel direkter und lebhafter an, als wenn Sie ständig hinter dem Pult reden! Halten Sie dabei immer Blickkontakt.

Wenn Sie stehen, stehen Sie weder in der Balletthaltung (ein Fuß fast rechtwinklig zum anderen gestellt) noch in der Entlastungshaltung (Körpergewicht auf einem Bein, siehe Abbildung 9). So stehen Mannequins – doch das Präsentationspodium ist kein Laufsteg. Verteilen Sie das Körpergewicht gleichmäßig auf beide Beine.

Oder wie schon Oma sagte: „Kind, steh aufrecht!“ Denn die aufrechte Haltung vermittelt den Eindruck, den Sie machen möchten: aufrecht, kompetent, souverän, von sich und Ihrem Thema überzeugt. Die Balletthaltung sieht (vor allem für Männer) einfach nur komisch aus – und komisch möchten Sie nicht wirken. Die Entlastungshaltung sieht entweder sehr attraktiv oder einfach nur lässig aus – und mit beiden Eindrücken werden Sie nicht ernst genommen. Schon irgendwie erschreckend, nicht wahr? Sie

Abb. 9: Im Ballettsaal und auf dem Laufsteg steht frau anders als auf dem Podium.

drehen ganz unschuldig, wie Sie es seit Jahren unbewusst machen, den Fuß im Stehen nach außen – und schon nimmt man(n) Sie nicht mehr so richtig ernst! Kann das sein? Ja. Suggestive Körpersprache hat diese verheerende Wirkung. Also achten Sie darauf, welche Signale Sie senden.

Übrigens: Aufrecht stehen heißt nicht breitbeinig wie John Wayne stehen. Falls eine aufrechte Haltung Ihnen ungewohnt oder seltsam vorkommt, wissen Sie inzwischen, was zu tun ist: Üben Sie vor dem Spiegel.

Viele Frauen, denen es noch ein wenig an Erfahrung mangelt, bewegen sich auf dem Podium zu schnell. Sie machen einen hektischen Eindruck. Und wer hektisch ist, wirkt unsicher und wenig souverän. Also lassen Sie sich Zeit, vor allem wenn Sie Ihre Medien bedienen.

Ihre Stimmführung

Erinnern Sie sich daran: Das, was Sie sagen, beeinflusst andere nur zu 7 Prozent. Wie Sie es sagen, beeinflusst sie jedoch zu 38 Prozent. Über den Daumen gepeilt könnte man sagen: Ihre Stimmführung ist fünfmal wichtiger als Ihre Botschaft! Wenn Ihnen diese Zahl etwas hoch vorkommt, erinnern Sie sich daran, welchen Publikumserfolg Menschen wie Elmar Gunsch oder Lee Marvin einfach nur mit ihrer tiefen, wohl modulierten Stimme hatten. Außerdem heißt es nicht, dass der Inhalt nichts zählt. Natürlich können Sie ohne Inhalt keinen wirksamen Eindruck machen – denken Sie nur an den Bundestag. Scherz beiseite: Das, was Sie sagen, ist wichtig. Doch viel wichtiger ist, wie Sie es sagen. Der Volksmund weiß das, wenn er sagt: Der Ton macht die Musik. Falls Sie mit Mikrofon sprechen, lassen Sie es auf jeden Fall vorher von einem Profi oder kompetenten Amateur einpegeln. Denn Mikros sind in aller Regel auf Männerstimmen eingestellt. Und tun Sie das bitte nicht als „technischen Firlefanz“ ab. Denken Sie an das markerschütternde Geräusch, das jemand macht, wenn er mit Kreide über eine Schiefertafel fährt. Genau so empfinden Sie Ihre Zuhörer, wenn Sie auch nur fünf Minuten mit einem hallenden, kreischenden oder übersteuerten Mikro zu ihnen reden.

Der Ton macht die Musik.

Stimmführung ist wichtig. Die Personalleiterin eines großen Bekleidungsunternehmens meint, dass sie am Telefon schon an der Stimme erkennen kann, ob sie eine im Business erfolgreiche oder weniger erfolgreiche Frau an der Strippe hat: „Erfolgreiche Frauen reden ganz anders.“ Die meisten Frauen reden zum Beispiel zu leise – natürlich nicht ihrer eigenen Meinung nach. Doch jedem anderen fällt das auf. Auch deshalb müssen viele Gesprächspartner nachfragen, wenn Frauen sich mit ihnen unterhalten: Sie kriegen vieles nicht mit, weil es einfach zu leise ist. Das heißt nicht, dass Sie laut sprechen sollen – nur lauter. Wer zu leise spricht, wirkt unsicher, zaghaft, zögerlich, nicht überzeugt und daher auch nicht überzeugend, not tough enough for business.

Erfolgreiche Frauen reden ganz anders.

Unterstreichen Sie Ihre eigene Präsenz auch durch Ihre Lautstärke

Lautstärke suggeriert Selbstbewusstsein, Kompetenz und Autorität. Umgekehrt macht eine etwas lautere Stimme auch schon deutlich selbstbewusster. Probieren Sie es einfach aus. Sie werden überrascht sein, wie einfach es ist, Ihr Selbstbewusstsein zu steigern.

Viele Frauen wollen im Sinne des Wortes nicht laut werden, weil sie sich nicht aufdrängen, eher bescheiden bleiben wollen. Das geht völlig in Ordnung – wenn Sie tatsächlich klein, nett und bescheiden bleiben wollen. Wenn Sie jedoch Wünsche an Ihre (berufliche) Zukunft haben, denken Sie an das alte Sprichwort: Bescheidenheit ist eine Zier, doch weiter kommt man ohne ihr – und sprechen Sie lauter! Das geht nicht von heute auf morgen. Stimmvolumen will trainiert sein. Vor allem, wenn Sie jahrelang mit kleinmädchenhafter Stimme kommuniziert haben. Üben Sie allein, daheim, vor Partnern, Freundinnen, Bekannten oder einer Mentorin. Üben Sie im Freien: Gehen Sie einmal zehn Meter weg von Ihrem Gesprächspartner – hört und versteht er Sie noch? Wenn nicht, ist die Stimme auch für den Alltagsgebrauch zu leise.

Bescheidenheit ist eine Zier …

Viele Frauenstimmen werden auch als zu hoch empfunden, vor allem von Männern. Holen Sie sich Feedback ein, besprechen Sie ein Band: Haben Sie den Verdacht, dass auch Ihre Stimme zu hoch klingt? In diesem Fall ist die Unterstützung eines professionellen Stimmtrainers sehr nützlich.

Es gibt Ausnahmen, doch in der Regel sprechen Frauen schneller als Männer, vor allem auf dem Podium. Den meisten Frauen fällt das nicht auf. Also achten Sie einmal bewusst darauf: Wie schnell sprechen Sie? Gerade auf dem Podium vermittelt das den Eindruck von Hektik, Unsicherheit, Inkompetenz. Drosseln Sie daher das Tempo, vor allem vor großen Gruppen.

Härtefall Vorstandspräsentation

Wenn Männer vor der Geschäftsleitung oder dem Vorstand präsentieren, referieren oder berichten müssen, sind sie zwar nervös, empfinden es jedoch auch als Auszeichnung und tolle Chance, sich zu profilieren. Frauen sind dagegen einfach nur gestresst und genervt, weil bei ihnen mehrheitlich das Profilierungsmotiv nicht zieht. Dabei ist eine Präsentation vor „hohen Tieren“ keine große Sache – wenn Sie wissen, worauf Sie achten sollten:

Checkliste

❒ Ihre Nervosität ist verständlich, aber völlig unbegründet: Die Geschäftsleitung erwartet keine Wunder, sondern einfach nur eine ganz normale, gut vorbereitete Präsentation. Sie beherrschen das bereits (wenn nicht: Präsentationstraining oder -coaching besuchen).

❒ Falls Sie fürchten, dass der Big Boss fies wird: Auch darauf können Sie sich vorbereiten. Der Chef ist schließlich im Betrieb bekannt: Wofür? Welche Marotten hat er? Wie begegnen Sie ihm am besten? Sprechen Sie mit Kolleginnen, Kollegen und mit Ihrer Mentorin (falls vorhanden).

❒ Wie geht der Boss mit Frauen um? Fragen Sie Kolleginnen und bereiten Sie sich entsprechend vor.

❒ Kleiden Sie sich noch ein wenig feiner als für übliche Präsentationen. Der Vorstand kleidet sich auch ein wenig feiner als der Rest der Belegschaft. Aber kleiden Sie sich auf keinen Fall wie die einzige Frau, die in der Geschäftsleitung sitzt. Das ist ein zu offensichtliches Signal, das nach hinten losgeht.

❒ Ihre Körpersprache sollte noch ein wenig selbstbewusster, seriöser sein. Egal was auch passiert: Wahren Sie den Eindruck eines unerschütterlichen Selbstbewusstseins. Denn Geschäftsführer spielen oft das Spiel „Schock die Kleine mal!". Vielen Frauen ist dabei zum Heulen zumute. Das ist okay – wahren Sie die Maske und heulen Sie danach auf der Toilette oder im eigenen Büro. Aber gönnen Sie dem Big Boss nicht den Triumph, Sie fertig gemacht zu haben.

- ❐ Lassen Sie sich bloß nicht einschüchtern von den großen Tieren! Halten Sie ständig Blickkontakt mit allen. Das wirkt selbstbewusst und kompetent, gibt Ihnen selbst mehr Selbstbewusstsein und das Gefühl, alles und alle unter Kontrolle zu haben. Damit wirken Sie auch überzeugender. Außerdem hält Blickkontakt die Topmanager davon ab, Sie allzu sehr in die Mangel zu nehmen. Gemobbt werden immer nur die, die wegschauen. (Wegschauen ist ein Demutssignal, das sagt: Beiß zu!)
- ❐ Wirken Sie nicht wie die brave Tochter – meist wissen Frauen ganz genau, durch welche Signale (zu oft lächeln, Blick abwenden, nervös mit den Händen spielen, …) sie mädchenhaft wirken. Das wirkt zwar nett – doch der Big Boss erwartet nicht nett, sondern kompetent, tough, agil, souverän. Manager erwarten Managerverhalten. Also verhalten Sie sich wie eine Managerin. Das ist ein hübsches Rollenspiel, das viel Spaß macht.

Suggestivsignale in Meetings

Checkliste

- ❐ Denken Sie an das erste Gebot der Selbstpräsentation: Zeig dich! Melden Sie sich auch mal zur Meeting-Leitung oder -Moderation.
- ❐ Wenn Sie gerade nicht moderieren: Seien Sie früh im Sitzungsraum, um einen Platz zu ergattern, bei dem Sie im Blickfeld dessen sitzen, den Sie mit Ihrer Selbstpräsentation beeindrucken möchten.

- ❐ Auch direkt neben dem Chef ist ein guter Platz zur Selbstpräsentation.
- ❐ Sie können auch bewusst ein wenig zu spät kommen (nur wenn Sie sich trauen), damit jeder merkt, wie wichtig und selbstbewusst Sie sind.

Abb. 10: Männer machen sich in Meetings breit, Frauen schmal.

- Berufen Sie, falls sachlich gerechtfertig, auch ruhig einmal selber ein Meeting ein. Das ist kein Luxus der Selbstpräsentation, sondern zwingend nötig, wenn Sie es in irgendeiner Form weiterbringen wollen. Wer keine Meetings einberuft, wird auch nicht ernst genommen. Natürlich stöhnt alles über noch ein Meeting. Doch danach werden Sie wenigstens ernster genommen.
- Männer machen sich auf Meetings gerne breit, Frauen dagegen eher schmal (siehe Abbildung 10). Männer wirken dadurch stark und kompetent, Frauen nett und schwach. Das ist die falsche Wirkung! Gehen Sie in den Revierkampf. Kontern Sie bewusst. Kämpfen Sie um jeden Zentimeter Sitzungstisch! Machen Sie sich breit, nicht schmal!
- Wenn ein Mann ganz automatisch seine Unterlagen auf Ihrem Platz verstreut, schieben Sie sie zurück an seinen Platz. Aber mit einem starken suggestiven Signal: Schauen Sie ihn dabei an. Und wenn er wegschaut, setzen Sie ein weiteres starkes Signal: Räuspern Sie sich hörbar und schauen Sie ihn an.
- Männer sind oft und gerne unaufmerksam, wenn Frauen auf Meetings etwas zu sagen haben. Sie führen Nebengespräche. Wenn Sie das durchgehen lassen, senden Sie das falsche Signal: „Mit der kann man's machen!“ Stellen Sie einfach Blickkontakt her: Ein warnender Blick sagt mehr als Worte.
- Falls die Störenfriede weitermachen: Halten Sie einfach inne in dem, was Sie sagen, und halten Sie weiter Blickkontakt.
- Falls das auch nichts hilft, setzen Sie noch ein Signal oben drauf und räuspern sich bedeutungsvoll.
- Männer unterbrechen Frauen häufiger, als sie andere Männer unterbrechen. Seien Sie nicht empört. Erkennen Sie das Verhalten als das, was es ist: Dominanzgebaren. Lassen Sie sich nicht dominieren. Behaupten Sie sich. Weisen Sie die Unterbrechung zurück – und unterbrechen Sie den Unterbrecher ruhig auch mal. Wenn Sie sich das jetzt noch nicht trauen: Das kommt noch.

- ❐ Stimmführung: Weisen Sie Unterbrechungen nicht wie ein kleines Mädchen beleidigt, eingeschnappt, empört oder quengelnd zurück, sondern souverän, selbstbewusst, ruhig, auch mit Charme oder Ironie.
- ❐ Frauen lassen Männern seltsam oft den Vortritt: wenn es in den Meeting-Raum geht, wenn es um die Platzwahl geht. Der Mann setzt sich und die Frau schaut dann, wo noch Platz für sie ist. Ein deutliches Zeichen der Schwäche und unnötig obendrein. Gehen Sie mutig voran. Wer Wünsche ans Leben hat, braucht ein wenig Mut. Der, den Sie schon haben, reicht dafür völlig.
- ❐ Männer benehmen sich auf Meetings unhöflicher als Frauen. Sie fläzen auf dem Stuhl herum, stören, führen Nebengespräche, sigalisieren deutlich Langeweile, Opposition oder Unmut. Lassen Sie sich von solchen Dominanzsignalen nicht beeindrucken! Das ist nicht gegen Sie persönlich gerichtet – das machen Männer einfach so aus Gewohnheit.
- ❐ Tragen Sie keine zu kurzen Röcke. Denn ein kurzer Rock wird im Sitzen noch kürzer. Sie haben keine Ahnung, wie viele Männer in Meetings angestrengt versuchen, kurz berockten Frauen unter den Rock zu schielen. Das ist keine Wirkung, die Sie erzielen möchten.

4 One on one: Körpersprache im Gespräch

Business ist Kommunikation

Frauen im Beruf beklagen sich oft, dass sie überhört und übersehen werden, dass sie sich und ihre (guten) Ideen nicht durchsetzen können, dass Kollegen sie ignorieren, der Chef ihnen die kalte Schulter zeigt, grob mit ihnen umspringt oder Kunden sie geringschätzig behandeln. An dem, was Frauen sagen, kann es nicht liegen. Denn das ist in der Regel kompetent und stichhaltig. Es liegt vielmehr daran, *wie* Frauen das sagen, was sie sagen: Die Körpersprache ist nicht durchsetzungsstark genug.

> Wenn Ihr Mund sagt „Akzeptiert meinen Vorschlag!", Ihre Körpersprache aber sagt „Ignoriert mich einfach", folgen die Menschen eher der Aussage Ihrer Körpersprache.

Denn die Körpersprache ist die mächtigere, wirkungsreichere Sprache. Frauen führen fast täglich Gespräche mit

- ➔ Chefs,
- ➔ Kollegen,
- ➔ Kunden und
- ➔ Mitarbeitern.

In diesen Gesprächen bekommen sie nicht die Aufmerksamkeit, die sie verdienen, wird ihnen nicht die gebührende Achtung entgegengebracht, weil sie sich im körpersprachlichen Sinne selbst ein Bein stellen. Sie verleihen dem, was sie sagen, oft nicht die nötige Bedeutung. Sie nehmen dem Gesagten diese Bedeutung sogar, indem sie tendenziell weniger selbstsicher auftreten, eher lieb, freundlich, nett, charmant wirken. Männer dagegen wirken im Gespräch mit Chefs, Kollegen, Kunden und Mitarbeitern eher tough, kompetent, arrogant oder überheblich. Sie verbreiten selbst in belanglosen Gesprächen diese Aura von „Was ich alles weiß! Ich habe mal wieder Recht. Was bin ich für ein toller Kerl!“ Warum? Weil Männer arrogant sind? Nein, weil sie damit einerseits ihre Unsicherheit überspielen. Wie schon Freud sagte: „Arroganz ist auch ein Zeichen von Unsicherheit.“ Und weil Männer andererseits besser wissen, wie man den eigenen Worten Nachdruck verleiht. Sie haben die längere Übung darin.

Was bin ich für ein toller Kerl!

Männer wie Frauen fühlen sich in beruflichen Gesprächen oft unsicher – Frauen reagieren aber ganz anders darauf als Männer.

!

Männer reagieren auf Unsicherheit eher mit Vorpreschen, Frauen mit Rückzug – die Wirkungen beider Reaktionen auf das Umfeld könnten nicht unterschiedlicher sein! Wenn Männer verunsichert sind, wirken sie paradoxerweise kompetent und durchsetzungsstark – dabei sind sie lediglich verunsichert. Frauen dagegen wirken ganz einfach verunsichert, wenn sie verunsichert sind. Sie senden die falschen Signale. Stellen wir diese Signale im Folgenden für die wichtigsten und häufigsten Gesprächsanlässe ab: für Gespräche mit Chefs, Kollegen, Kunden und Mitarbeitern.

Den Chef nonverbal auflaufen lassen

Etliche Frauen kommen wunderbar klar mit ihrem Chef. Manchen frisst er sogar aus der Hand. Diese Frauen können sicher sein, dass sie auch körpersprachlich alles richtig machen. Viele

Frauen leben jedoch in periodischem oder ständigem Stress mit dem Chef. Dafür gibt es meist zwei gegensätzliche Gründe:

→ zu aggressive Körpersprache
→ zu defensive Körpersprache

Wer nicht so toll mit dem Chef klarkommt, sollte bei der nächsten Gelegenheit sich selbst verstärkte Aufmerksamkeit schenken und die eigene unbewusste Körpersprache beobachten. Bei vielen Frauen, die Stress mit dem Chef haben, fällt nämlich auf, dass sie unbewusste Signale der Ablehnung senden (s.a. Kapitel 2, Abschnitt „Wenn Frauen zicken").

> Wenn Ihr Chef (manchmal) nicht gut auf Sie zu sprechen ist, kann das an unbewussten Ablehnungssignalen liegen.

Wie reagieren Sie auf die Schnapsidee vom Chef?

Viele Frauen sagen zwar nicht, was sie von der neuesten Schnapsidee des Chefs halten – doch sie zeigen es ihm. Sie runzeln die Stirn, blicken kritisch, verziehen den Mund, schauen ungläubig... Wir alle kennen diese Signale. Sie sind unbewusst. Stellen Sie sich mit solchen Eigentor-Signalen nicht länger selbst ein Bein! Wie? Indem Sie sich diese Signale bewusst machen. Indem Sie bewusst darauf achten. Ablehnungssignale werden schlimmer empfunden als verbale Ablehnung. Gegen verbale Ablehnung kann man wenigstens etwas erwidern – aber was soll man schon sagen, wenn die Mitarbeiterin einfach das Gesicht verzieht?

Wenn der Chef etwas sagt, schauen Sie aufmerksam drein

Aufmerksamkeit und Interesse sind die Signale, die der Chef erwartet und die Sie nicht in Schwierigkeiten bringen. Natürlich reagiert frau ganz spontan und unreflektiert auf die neueste

Schnapsidee vom Chef mit mimisch sichtbarer Irritation. Doch genau dafür sind wir hier auf diesen Seiten: Damit Sie lernen, sich mit Ihrer unbewussten Mimik nicht länger selbst ein Bein zu stellen.

!

Erfolgreiche Business-Frauen haben exakt dasselbe mimische Repertoire wie alle anderen Frauen auch. Der einzige Unterschied ist: Sie sind sich ihrer Mimik bewusst! Das ist der kleine Unterschied, der einen großen Unterschied macht.

Dass seine Idee nichts taugt, können Sie dem Chef immer noch sagen, nachdem Sie ihm Aufmerksamkeit geschenkt haben – aber dann verbal, artikuliert. Und natürlich nach den Prinzipien des wertungsfreien Feedbacks (das wiederum ist ein Thema der verbalen Kommunikation).

Abb. 11: Wer den Chef mimisch ablehnt, den lehnt der Chef ab – wer den Chef mimisch anerkennt, den erkennt der Chef an.

Wenn der Chef Ihnen auf die Pelle rückt

Setzen Sie sich!

In Coachings und Seminaren beklagen sich Frauen manchmal auch, dass der Chef „von oben herab“ mit ihnen redet. Das hat sowohl eine übertragene als auch eine körpersprachliche Bedeutung: Wenn eine Frau kleiner ist als der Chef, ist die Versuchung für die meisten Chefs einfach zu groß, im Sinne des Wortes von oben herab zu ihr zu reden. Einfacher Tipp: Wann immer möglich, setzen Sie sich, damit der Chef sich auch setzen muss. Dann kann er nämlich nicht mehr von oben herab reden.

Viele Frauen beklagen sich auch, dass der Chef seine Hände nicht bei sich lassen kann. Das ist meist nicht einmal aufdringlich oder anzüglich gemeint. Viele Chefs verstehen sich einfach als Patriarchen, die einer Frau väterlich die Hand auf die Hand, den Arm oder die Schulter legen, oft mit einem aufmunternden Spruch: „Sie schaffen das schon, Frau Meier.“ Wenn Frau Meier gern auch mal für den Chef die brave Tochter spielt, geht das in Ordnung. Wenn ihr dagegen diese altväterliche Attitüde auf die Nerven geht, weil sie mit einer einzigen Geste zum kleinen Mädchen degradiert wird, sollte sie etwas dagegen unternehmen. Vor allem wenn das öfter vorkommt.

Das Einfachste ist immer noch, direkten Blickkontakt herzustellen und lächelnd seine Hand freundlich, aber bestimmt dort wegzunehmen, wo frau sie nicht haben möchte. Sicher, das ist unangenehm und kostet Überwindung. Aber es ist eine Schande, dass erwachsene Menschen zu wenig Verstand haben, um zu erkennen, dass man anderen nicht derart auf die Pelle rücken darf. Wenn Sie allerdings nichts dagegen tun, ändert sich das auch nicht! Sie müssen sich das morgen noch nicht trauen – der Mut wächst mit der Zeit. Umso größer ist die Freude dann, wenn es gelingt und Sie sich endlich dort abgrenzen können, wo es bislang noch nicht gelang. Sylvia berichtet: „Wenn ich am PC arbeite, kommt der Chef schon mal vorbei, beugt sich über mich und legt mir seine feuchte Pratze auf die Schulter. Gestern habe ich mich zum ersten Mal getraut, die Hand da wegzunehmen. Mir klopfte das Herz bis zum Hals. Doch ich habe einfach keine Lust mehr, mir meine Lebensqualität auf Dauer so beeinträchtigen zu lassen. Woher soll der Kerl auch wissen, dass es mir unangenehm ist, wenn es ihm keiner zu verstehen gibt?“

Wenn Sie nichts tun, ändert sich nichts.

Ein Auge auf den Chef werfen

Frauen im Beruf beklagen oft, dass der Chef sich ihnen gegenüber im Ton vergreift, persönlich wird oder sich nicht beherrschen kann. Sie leiden dann meist still darunter und warten, bis der Anfall vorüber ist. Das ist unangenehm, unnötig und vor allem kontraproduktiv. Denn nicht selten setzt der Chef umso mehr verbal nach, je stärker frau zurückweicht. Es brechen seine animalischen Instinkte durch: Was flieht, wird verfolgt.

Abb. 12: Der Chef gibt erst dann Ruhe, wenn frau ihm Kontra gibt.

Betrachten Sie Abbildung 12. Welche Körperhaltung schützt wohl besser vor Übergriffen? Die Antwort liegt auf der Hand. Warum? Weil im rechten Bild die Körpersprache ganz klar sagt: „Mit mir nicht, mein Lieber. Reiß dich gefälligst zusammen!“

Wenn der Chef grob wird, richten Sie sich zu voller Größe auf und schauen Sie ihm direkt in die Augen.

Gefahren überwindet man am besten, indem man ihnen ins Auge schaut. Natürlich geht der Reflex in die andere Richtung: Wenn ein Vorgesetzter grob wird, schauen wir meist automatisch weg oder betreten drein. Doch genau deshalb sind wir hier: Damit Sie sich dieser unbewussten Reflexe bewusst werden – damit sind sie nämlich schon halb abgeschaltet. Dann müssen Sie nur noch Ihren Warnblick aktivieren und schon schaltet der Chef einen Gang zurück oder legt den Rückwärtsgang ein. Dieser Warnblick kommt nicht von alleine. Üben Sie ihn wie andere suggestive Körpersignale auch einfach ab und zu vor dem Spiegel und an anderen Menschen.

Aktivieren Sie Ihren Warnblick!

Checkliste: Frauen, auf denen der Chef oft und gerne herumhackt ...

- ❐ ... vermeiden den Blickkontakt, wenn er loslegt; schlagen die Augen nieder, schauen weg, schauen ihn von unten oder aus den Augenwinkeln unterwürfig an;
- ❐ ... machen vor Empörung über so viel vorgesetzte Unbeherrschtheit große, runde Augen;
- ❐ ... klappen betroffen den Mund auf;
- ❐ ... oder lächeln fatalerweise auch noch verlegen;
- ❐ ... kneten nervös die Hände;
- ❐ ... drehen sich Schutz suchend vom Chef weg;
- ❐ ... treten von einem Bein aufs andere;
- ❐ ... rechtfertigen sich mit hoher, schneller, beleidigter Stimme.

Checkliste: Frauen, die wissen, wie sie mit dem Chef umspringen müssen ...

- ❐ ... schauen ihm direkt in die Augen, wenn er grob wird;
- ❐ ... denken sich dabei Dinge wie „Nicht in diesem Ton, mein Lieber" – diese Gedanken kommunizieren sich mimisch;
- ❐ ... nehmen das Kinn hoch, schauen ihn also erhobenen Hauptes an;

- ❒ … stehen auf, drehen sich frontal zu ihm – machen also im Sinne des Wortes Front;
- ❒ … machen, wenn sie wirklich gut sind, sogar einen kleinen Schritt auf ihn zu: Das erwarten Büro-Choleriker nicht. Sie erwarten, dass frau zurückweicht. Tut sie das Gegenteil, treten sie den taktischen Rückzug an;
- ❒ … schauen ihm unverwandt und fest ins Gesicht;
- ❒ … runzeln missbilligend die Stirn, ziehen eine Augenbraue hoch oder geben ein anderes mimisches Signal der Ablehnung (in dieser Situation dürfen, ja sollen Sie Ablehnungssignale senden);
- ❒ … stehen mit beiden Beinen fest auf dem Boden: standfest eben;
- ❒ … haken sachlich mit fester, klarer, lauter Stimme nach.

Tapferkeit vor dem Chef

Sie haben damit Probleme, einem groben Chef offen in die wütenden Augen zu blicken? Das ist normal. Frauen, die ihren Chef mit einem strafenden Blick in die Schranken weisen, strotzen geradezu vor Selbstbewusstsein. Doch auch umgekehrt wird ein Schuh draus.

> Wenn Sie sich unsicher fühlen und trotzdem Körpersignale der Sicherheit senden, fühlen Sie sich bald schon viel sicherer.

Der Geist folgt dem Körper.

Denn der Geist folgt dem Körper. Agiert der Körper selbstbewusst, reagiert auch der Geist selbstbewusst. Sie können natürlich auch einen kleinen Trick zu Hilfe nehmen und sich den tobenden Chef in Unterhosen vorstellen. Das funktioniert immer. Die etwas weniger satirische Variante besteht darin, Mitleid mit dem armen Kerl zu entwickeln. Sylvia sagt: „Ich denke dabei immer an seine arme Frau, die den Choleriker viel öfter ertragen muss als ich.“

Wenn Sie eine Virtuosin der Körpersprache sind, können Sie auch lächeln, wenn der Chef tobt. Richtig gelesen: lächeln. Wenn Sie virtuos sind, kennen Sie nämlich den Unterschied zwischen verlegen, nervös, unterwürfig lächeln und überlegen, locker, souverän oder grimmig lächeln. Diesen Unterschied muss man in all seiner mimischen Komplexität nicht einmal in vielen Worten erklären. Den Unterschied sehen Sie am schnellsten und besten, indem Sie in den Spiegel schauen und üben. Gelingt erstaunlich einfach, nicht wahr?

Wenn der Chef schlechte Laune hat, sitzen viele Frauen im Büro und warten auf den nächsten Überfall. Diese ungewisse, angespannte Warterei ist stressiger als der eigentliche Überfall. Warten Sie nicht.

Präsenz ist die beste Vorbeugung gegen Chef-Überfälle

Warten Sie nicht!

Warten Sie nicht, bis der Chef Sie überfällt. Überfallen Sie den Chef. Wenn Sie erfahren, dass er geladen ist, schnappen Sie sich eine unverfängliche Unterlage, die er abzeichnen oder ansehen soll, schauen Sie bei ihm vorbei und liefern Sie ein Musterbeispiel höflichen Auftretens ab – immer mit freundlichem Blickkontakt. Natürlich wird er dabei wie ein verstopfter Vulkan grummeln. Aber da Sie ihm keinen Anlass bieten, bricht er nicht aus. Weder jetzt noch später am Tag. Denn mit Ihrer Präsenz haben Sie ihn davor abgeschreckt. Er lernt dabei: „Mit ihr kann ich's heute nicht machen. Wenn ich Dampf ablassen will, muss ich mir ein weniger selbstbewusstes Opfer suchen.“ Selbstbewusstsein wird belohnt.

Und das alles erreichen Sie, ohne ein einziges Wort zu sagen! Sie müssen noch nicht einmal sagen: „Nicht in diesem Ton, Chef!“ Im Gegenteil. Würden Sie das sagen, würde jeder Chef erst recht

ausflippen. Das ist der große Vorteil der Körpersprache gegenüber der gesprochenen Sprache.
Eine Geste sagt eben mehr als hundert Worte.

Körpersprache ist sehr viel wirksamer als gesprochene Sprache.

Der Rückzugsreflex: Wenn Frauen nicht ernst genommen werden

Wenn ich Arbeitsgruppen in Seminaren und am Arbeitsplatz beobachte, fällt mir immer wieder auf: Frauen werden nicht so ernst genommen wie Männer. Natürlich hört man mehr oder weniger aufmerksam zu, wenn eine Frau etwas sagt. Doch die Reaktion ist eine ganz andere, als wenn ein Mann etwas sagt. Und das merken Frauen auch. Sie leiden darunter. Sie reagieren enttäuscht, wenn sie merken, dass sie nicht als vollwertige Kollegin behandelt werden. Genau das ist die falsche Reaktion.

Nicht zurückweichen, sondern zurückweisen!

Betroffenheitsmimik

Wenn Frauen bemerken, dass sie nicht für voll genommen werden, schaltet sich meist die Betroffenheitsmimik ein. Sie machen große Augen, klappen den Mund auf, kauen auf der Unterlippe, kneten verdattert die Hände … Das ist verständlich und unbewusst, aber kaum hilfreich. Denn es sendet die körpersprachliche Botschaft: „Mit mir kann man(n)'s machen!" Inzwischen wissen Sie, welches die richtigen Signale sind: Stellen Sie Blickkontakt her, richten Sie sich zur vollen Größe auf (kann frau auch im Sitzen), drehen Sie sich frontal zu dem oder denen, die Sie gerade links liegen lassen, verleihen Sie Ihrer Stimme einen entschiedenen Klang, Sie dürfen dabei ruhig etwas lauter sprechen, und vertreten Sie ruhig, selbstbewusst und gefasst Ihren Standpunkt. Wie wollen Sie denn sonst erreichen, dass man Sie für voll nimmt? Wer sich in die Ecke drängen lässt, wird nicht für voll genommen.

Die Arbeitswelt ist voll von körpersprachlichen Signalen, mit denen Frauen in die Ecke gedrängt werden. Neulich zwängte ich mich mit zwei Pilotenkoffern und einer Tasche mit Seminarunterlagen durch die Eingangstür eines Unternehmens, als ein ungeduldiger Jungmanager sich anschickte, sich trotz der Enge in aller Eile an mir vorbeizudrängen. Er war sicher kein Rüpel. Das war schlicht die schiere Achtlosigkeit, getragen vom Bewusstsein: Frauen gehen schon zur Seite, wenn mann angedampft kommt. Ein warnender Blick über die Schulter ließ ihn auf der Stelle zur Salzsäule erstarren: Bis zu diesem Zeitpunkt wusste er überhaupt nicht, was er tat. Mein Signal erst machte es ihm klar.

Dasselbe Bild vor Aufzügen: Geht die Aufzugstür auf, stürzen die Männer in demonstrativer Wichtigkeit heraus oder herein – und die Frau muss schauen, dass sie überhaupt in den Aufzug rein- oder aus ihm rauskommt. Die Frau weicht dabei den Männern aus, nicht umgekehrt. Dasselbe im Treppenhaus. Der Mann stürzt von oben herab und erwartet ganz automatisch, dass die Frau ausweicht, sich an die Mauer drängen lässt – nicht umgekehrt. Das ist Ihnen noch gar nicht aufgefallen? Den meisten Männern auch nicht. Solche kleinen Signale nehmen wir oft nicht wahr – wir nehmen nur ihre Wirkung wahr: Frauen kann mann mir nichts, dir nichts an den Rand treiben, in die Ecke stellen. Sie weichen immer aus, weichen einen Schritt zurück, lassen sich zurückdrängen. Männer erwarten das ganz automatisch. Da können Sie noch so viel Kompetentes sagen – wenn Sie dreimal am Tag rein physisch zurückweichen, spricht dieses körpersprachliche Signal lauter als jedes gesprochene Wort: Frauen kann mann nicht für voll nehmen.

Frauen weichen immer aus.

Weichen Sie nicht mehr aus!

Natürlich weichen Frauen nicht bewusst zurück, wenn sie bedrängt werden. Der Rückzugsreflex geschieht unbewusst. Deshalb müssen wir uns diesen Reflex erst bewusst machen und dann einfach abgewöhnen: Weichen Sie nicht länger automatisch zurück, stehen Sie Ihre Frau, verteidigen Sie Ihren Standpunkt auch rein physisch, behaupten Sie sich, geben Sie Dränglern nicht nach, sondern bewahren Sie in Ruhe und vor allem mit Blickkontakt Ihre Position: Wenn Sie dem Drängler ruhig lächelnd ins Auge schauen, geht ihm das passende Licht auf. Natürlich können Sie nicht von heute auf morgen plötzlich Ihre Position verteidigen. Dafür sitzt der Rückzugsreflex zu tief, ist die Gewohnheit zu alt. Doch je öfter Sie daran denken, desto erfolgreicher werden Sie Ihre Position wahren. Sie werden dabei nach und nach immer besser – bis Sie die Verhältnisse auf den Kopf gestellt haben und die Männer nun automatisch Ihnen ausweichen. Weil sie es inzwischen gelernt haben, dass mann Sie nicht an den Rand der Belanglosigkeit drängen kann. Sie lassen es nicht mit sich machen.

z.B

Eine extrem coole Reaktion zeigte eine 28-jährige Sachbearbeiterin, die einen wichtig daherhetzenden Kollegen buchstäblich auflaufen ließ – sie wich keinen Schritt zur Seite. Als der verdutzte Mann zwangsgebremst zum Stehen kam, schenkte sie ihm ein charmantes Lächeln und fragte kühl von oben herab: „Na Kleiner, zu spät zum Unterricht?“ Die vorübereilenden Kollegen bogen sich vor Lachen und seither weiß jeder in der Abteilung – wie es ein Kollege ausdrückt: „Die Kollegin steht ihren Mann. Die lässt sich nicht von jedem rumschubsen.“

Die Kollegin war nicht vom ersten Tag an körpersprachlich so versiert und selbstbewusst: Auch Selbstbewusstsein kann frau lernen. Es ist wie eine Pflanze: Wenn das Selbstbewusstsein gepflegt wird, wächst es täglich und macht viel Freude. Beides wächst dabei im Wechselspiel: Wenn Sie nicht länger Demutssignale senden, nimmt Ihr Selbstbewusstsein nicht länger ab. Wenn Sie dafür Ihre Position im Sinne des Wortes behaupten, nimmt mit jeder Selbstbehauptung Ihr Selbstbewusstsein zu. Und je mehr Selbstbewusstsein Sie dabei sammeln, umso mehr trauen Sie sich, weitere Signale der Selbstbehauptung zu senden, was Ihr Selbstbewusstsein noch weiter stärkt ... und so weiter.

Die Glücksspirale

Das ist eine Art Glücksspirale: Je mehr Sie tun, desto besser wird alles.

Die fiesen Spiele der Kollegen

Kollegen können manchmal richtig fies sein. Sie werden persönlich, ausfallend, beleidigend. Vor allem wenn eine Frau in eine Männerdomäne eindringt, veranstalten Männer gerne und oft einen so genannten Initiationsritus: Sie lassen die Neue erst mal auflaufen. Eben weil sie neu und weil sie eine Frau ist. Mann will erst mal testen, was die Kleine drauf hat – da könnte ja sonst jede kommen! Einer 37-jährigen Ingenieurin zum Beispiel, deren Projektkonzept der Vorstand noch vor drei Wochen absegnete, eröffnete derselbe Vorstand drei Wochen später, dass das Konzept „total inakzeptabel" sei. Die Ingenieurin fühlte sich, „als hätte man mir mit der Faust in den Magen gehauen". Doch weil eine Kollegin sie gewarnt hatte, erkannte sie das Spiel sofort.

„Bring die Kleine zum Heulen!"

Das ist das implizite Ziel des Spiels. Mann greift sie persönlich an, reitet eine Verbalattacke, würgt sie rüde ab oder bezeichnet sie im Gespräch mit Kollegen als „dumme Zicke" – während sie in Hörweite steht. Wenn Frauen dieses Spiel nicht kennen, reagieren sie entweder

- mit Rückzug, Schmollen und Unverständnis – was ein Signal der Schwäche sendet – oder
- mit Rechtfertigungen: „Wieso ist das Konzept jetzt plötzlich inakzeptabel? Ich habe doch alles vorgelegt, was Sie verlangt haben!" Auch das ist eine schwache Reaktion.

Die richtige, starke Reaktion: Drüber stehen, Schultern zucken, unbewegte Miene zum bösen Spiel machen oder sogar amüsiertes Stirnrunzeln oder eine ironisch gehobene Braue bieten: „Was für ein Problem hat er denn jetzt wieder? Tickt er noch ganz richtig?" Auf jeden Fall: Im Sinne des Wortes das Gesicht wahren, es

Verlieren Sie nicht das Gesicht!

nicht verlieren. Das Ganze ist nichts anderes als eine spätpubertäre Probe. Mann will damit die Neue auf die Probe stellen. Besteht sie die Probe, gibt der Knabe im Mann schnell Ruhe und der gesunde Menschenverstand, über den auch Männer durchaus verfügen, gewinnt wieder die Oberhand.
Normalerweise wird frau einmal im Quartal, höchstens einmal im Monat derart auf die Probe gestellt.

z.B

Eine erfolgreiche Business-Frau, die in einem Unternehmen als Laborchefin arbeitet, muss sich jedoch fast wöchentlich solche Spielchen gefallen lassen. Sie meint: „Ich hätte nicht gedacht, wie schnell ich mir das angewöhnt habe. Doch wo ich früher angesichts der Zoten, die sich meine Laboranten leisten, total verunsichert reagiert habe, reagiere ich heute ganz anders. Immer dann, wenn ich mich völlig verladen fühle, reagiere ich inzwischen total abgeklärt und überlegen. Je verunsicherter ich mich fühle, desto souveräner trete ich auf. Manchmal gehe ich ganz provokant durch die Laborgänge und grinse die Jungs frech an. Dann wissen sie, dass auch der neueste Scherz mich nicht beeindruckt hat."

Als Frau unter lauter Männern

Frauen im Berufsleben leiden insbesondere darunter, dass sie einsam im Beruf sind, sobald sie den Nähsaal, das Sekretariat oder andere Frauendomänen verlassen haben.

z.B

Regine zum Beispiel ist Kontakterin in einer Stuttgarter Werbeagentur. Im Meeting mit ihren Kunden sitzt sie als einzige Frau einem Dutzend Managern gegenüber. „Wenn wir essen gehen, werde ich im Dutzend angebaggert!", klagte sie noch zu Beginn ihrer Karriere. Sie hatte Angst vor sexuellen Übergriffen und fragte sich dauernd, ob sie wohl den Mumm hätte, sich dagegen zu wehren: „Immerhin ist es der Kunde!“ Inzwischen hat sie festgestellt:

- „Die Angst war größer als die tatsächliche Bedrohung.“
- „Die wandernde Hand auf meinem Knie legte ich ohne Kommentar, aber mit Warnblick auf das zugehörige Knie zurück – das wirkt viel besser als das klischeehafte ‚Was erlauben Sie sich!‘. Außerdem beschädigt es das Klima nicht – denn kein böses Wort fiel!“
- „Früher fühlte ich mich im Mittelpunkt unwohl – jetzt kann ich es fast genießen. Es hat auch Vorteile, von allen Seiten mit so viel Aufmerksamkeit bedacht zu werden.“
- „Je selbstbewusster ich auftrete, desto weniger Probleme gibt es. Und wenn ich mal nicht selbstbewusst bin, tue ich einfach so.“
- „Die Kunden erwarten eine erwachsene Frau und vollwertige Geschäftspartnerin – keine brave Tochter, die klein beigibt, wenn der Junge im Mann hervorbricht.“

Kunden für sich gewinnen

Noch immer berichten Frauen, dass sie beim ersten Kundenkontakt entweder für eine Sekretärin gehalten oder aber mit unverhohlenem Misstrauen beäugt werden – eben weil sie eine Frau sind. Viele Kunden scheinen sich mehr oder weniger offen zu fragen: „Ja kann die das denn überhaupt?“ Frauen reagieren darauf oft eingeschnappt, brüskiert, frustriert, genervt, defensiv. Das ist zwar verständlich, aber wenig hilfreich, weil diese körpersprachlichen Signale alle als Zeichen der Schwäche interpretiert werden.

Wenn mann Ihnen gegenüber Skepsis zeigt, weil Sie eine Frau sind, bleiben Sie souverän.

Legen Sie eine Extraportion Kompetenz und Selbstbewusstsein auf. Lassen Sie sich nicht aus der Ruhe bringen. Seien Sie dabei nicht zu freundlich, denn das kann als „typisch Frau“, also zu soft empfunden werden. Vermeiden Sie alle Gesten, die als Nervosität oder Unsicherheit interpretiert werden können. Von diesen haben Sie auf den zurückliegenden Seiten ja einige kennen gelernt. Sie wissen inzwischen auch, wie Sie diese schwachen Signale vermeiden: Indem Sie einfach ganz bewusst darauf achten. Achtsamkeit ist die Voraussetzung für suggestive Körpersprache. Lassen Sie sich durch dumme, auch persönliche Fragen nicht aus der Fassung bringen. Bewahren Sie die Haltung. Sie werden dafür belohnt. Denn nach dem ersten halben Dutzend kritischer Fragen wird aus dem Nachteil ein Vorteil: Sind Kunden erst einmal von der Kompetenz einer Frau überzeugt, sind sie ihr gegenüber meist umgänglicher und zuvorkommender als gegenüber männlichen Kollegen. Als Frau im Business genießt man durchaus auch Vorteile.

Lassen Sie sich nicht aus der Ruhe bringen!

Der Sympathiefaktor

Im direkten Kundenkontakt wird immer noch vieles falsch gemacht. Sie kennen vielleicht das Schlagwort von der „Servicewüste“. Die Wüste kommt nicht von ungefähr.
Im Kundenkontakt wird viel zu viel Aufmerksamkeit auf die sachliche Seite gelegt à la: „Es kommt allein auf die Produktvorteile und den Preis an!“ Das ist ein Irrtum. Vielleicht kennen Sie auch die Redewendung: „Von dem würde ich keinen Gebrauchtwagen kaufen!“ Warum? Weil Produktvorteile und Preis nicht stimmen? Nein, weil der Kerl mir unsympathisch ist und ich ihn deshalb für inkompetent und nicht vertrauenswürdig halte.

Kunden kaufen lieber von sympathischen Menschen

Kunden kaufen natürlich auch mal notgedrungen von unsympathischen Menschen. Doch dann machen Kunden oft Probleme. Sie erheben ellenlang Einwände, feilschen um den Preis, schieben Entscheidungen auf. Solche Kunden gelten oft als „schwierig". Überträgt man die Beratung dieser Kunden jedoch einem Mitarbeiter, der weiß, wie man sympathisch wirkt, sind es plötzlich keine schwierigen Kunden mehr. Das ist die Macht der suggestiven Körpersprache.

! Das Eisberg-Prinzip: Die sachliche Seite macht ein Siebtel des Kundengesprächs aus – die wichtigeren sechs Siebtel liegen unter der Oberfläche verborgen: das Zwischenmenschliche.

Beim Zwischenmenschlichen wiederum wird zu viel Wert auf das gesprochene Wort gelegt. Man weiß eben, dass man einem Kunden nicht offen widersprechen darf und ihm auch kein Experten-Chinesisch um die Ohren hauen soll. Doch wie wir in Kapitel 1 gesehen haben, macht das gesprochene Wort nur geringen Eindruck auf den Kunden. Einen viel größeren Eindruck macht die Körpersprache im Kundengespräch.

Aktives Zuhören

Kunden können in aller Regel nicht auf Anhieb entscheiden, ob Sie kompetent sind oder nicht. Dafür fehlt den Kunden die Erfahrung – schließlich sind Sie die Fachfrau und nicht der Kunde. Deshalb beurteilen Kunden Sie nach anderen Kriterien. Das wichtigste davon ist Sympathie. Sind Sie einem Kunden sympathisch, hält er Sie unbewusst und automatisch auch für kompetent und vertrauenswürdig. Das ist der bereits erwähnte Halo-Effekt der Körpersprache.

Sympathie hat quasi einen so hellen Glanz, dass er automatisch auch auf Kompetenz und Vertrauenswürdigkeit ausstrahlt. Wie machen wir einen sympathischen Eindruck im Kundenkontakt? Das wissen wir alle: Indem wir

So wirken Sie sympathisch.

- ➔ freundlich und aufmerksam sind, wenn wir mit dem Kunden sprechen;
- ➔ Blickkontakt halten;
- ➔ immer mal wieder ein freundliches Lächeln einstreuen;
- ➔ die Hände auf dem Tisch lassen;
- ➔ uns relativ aufrecht halten;
- ➔ nicht stocksteif dasitzen, sondern gestisch das Gesagte unterstreichen.

Das alles wissen wir mehr oder weniger. Das Problem ist nur: Es klappt nicht immer. Es klappt ausgerechnet dann nicht, wenn es drauf ankommt. Wenn der Kunde zum Beispiel Unsinn erzählt, abschweift, uns unsere Zeit stiehlt oder Unwahrheiten behauptet, dann entgleisen uns automatisch die Gesichtszüge. Wir denken „Das ist doch Unfug!“ – und genau das spiegelt unsere Mimik wieder. Die Körpersprache ist in dieser Hinsicht sehr verräterisch. Wir bemerken das in der Regel nicht – der Kunde dafür umso mehr. Und schon ist frau beim Kunden unten durch; da helfen dann Produktvorteile und Preis auch nicht mehr. Deshalb:

!

Achten Sie auf freundliche Aufmerksamkeit vor allem dann, wenn's schwer fällt.

Das gelingt Ihnen sicher nicht auf Anhieb. Denn im Alltag pflegen wir seit Jahren die falsche Gewohnheit: Unser Gesicht spricht Bände. Es ist offen wie ein Buch, in dem unsere jeweiligen Gesprächspartner sekündlich ablesen können, was wir über sie denken. Deshalb üben Sie am besten zunächst im unverfänglichen Alltag, aufmerksam und freundlich zuzuhören, bevor Sie es beim Kunden tun. Das Ganze nennt man dann aktives Zuhören.

Das Gesicht spricht Bände!

! Wer Körpersprache spricht, hört nicht bloß zu, sondern hört aktiv zu.

Aktives Zuhören, also beim Zuhören einen freundlichen, interessierten und aufmerksamen Eindruck zu erwecken, gelingt Ihnen am besten mit Spiegeln.

Spiegeln Sie!

Gibt es Menschen, die Ihnen ausgesprochen sympathisch sind? Wer fällt Ihnen spontan ein? Wer ist Ihnen dagegen äußerst unsympathisch? Haben Sie schon einmal darüber nachgedacht, woran das liegt? Die Briten haben eine einleuchtende Erklärung dafür: People that are like each other like each other. Frei übersetzt: Gleich und gleich gesellt sich gern.

Menschen, die uns ähnlich sind, finden wir automatisch sympathisch

Machen Sie die Probe aufs Exempel. Warten Sie, bis Ihnen jemand

- ➔ etwas furchtbar Trauriges erzählt, und machen Sie dazu ein fröhliches Gesicht;
- ➔ einen Witz erzählt, und verziehen Sie dabei keine Miene;
- ➔ von einem tollen persönlichen Erfolg erzählt, zucken Sie dabei mit den Schultern und machen Sie eine wegwerfende Handbewegung.

Wie sympathisch wirken Sie wohl bei diesen drei Experimenten? Extrem unsympathisch. Warum? Weil Sie sich bewusst unähnlich verhalten haben. Ihre Körpersprache war deplatziert. Das heißt:

Wenn Sie einem ... (fröhlichen, traurigen, begeisterten, wütenden ...) Menschen ... (fröhlich, traurig, begeistert, wütend ...) begegnen, findet er Sie sympathisch.

!

Deshalb heißt diese exzellente Technik der Körpersprache auch Spiegeln: Sie spiegeln dabei quasi die Mimik und Körperhaltung Ihres Gesprächspartners.
Im Normalfall machen Ungeübte genau das nicht. Der Kunde erzählt von seinen Problemen und die unerfahrene Business-Frau sitzt ihm mit ausdruckslosem Gesicht gegenüber. Sie hört zwar aufmerksam zu – doch der Kunde sieht das nicht. Er sieht ein ausdrucksloses Gesicht und denkt sich unwillkürlich: „Der gehen meine Probleme wohl voll am Schuh vorbei!“ Noch viel schlimmer wirkt, was oft zu beobachten ist, wenn die Business-Frau beim Zuhören die Stirn runzelt, die Lippen zusammenpresst oder die Augen zusammenkneift. Auch das mag ein habituiertes (automatisches) Zeichen von aufmerksamem Zuhören sein – doch auf den Kunden wirkt das wie Skepsis und Zweifel: „Die glaubt mir wohl nicht!“

Spiegeln Sie Mimik und Körperhaltung Ihres Kunden

Natürlich nicht 1:1. Wenn der Kunde sich vor Lachen auf die Schenkel haut, müssen Sie das nicht auch. Aber Sie sollten dabei lachen, nicht lächeln. Hört sich an, als ob Sie sich dafür verbiegen müssten? Der Eindruck entsteht manchmal, wenn frau zum ersten Mal vom Spiegeln hört. Tatsächlich ist das Gegenteil der Fall: Je besser Sie spiegeln, desto besser können Sie sich in den Kunden hineinfühlen – Frauen schätzen diese empathische Fähigkeit in der Regel höher als Männer und sind darin auch besser.

Körpersprache im Kundengespräch

Checkliste

- ❒ Achten Sie bewusst auf unbewusste und verräterische Signale der Ungeduld oder Nervosität wie Kuli-Schnipsen oder Fingerkneten, damit Sie sie bewusst vermeiden können.
- ❒ Wenn Sie den Kunden dagegen sanft zum Punkt zurückbringen, ausbremsen oder in seinem Redefluss beschleunigen wollen, können Sie solche zappeligen Gesten ruhig bewusst einbauen, wie zum Beispiel wiederholt auf die Uhr schauen.
- ❒ Bauen Sie zwischen sich und dem Kunden keine künstliche Mauer auf, indem Sie zum Beispiel den Aktenkoffer auf dem Tisch aufklappen.
- ❒ Bleiben Sie mit Ihren Unterlagen auf Ihrer Seite vom Tisch, sonst fühlt sich der Kunde bedrängt (Verletzung der so genannten Distanzzone).
- ❒ Auch wenn Sie Ihre Kundenargumentation schon tausendmal wiederholt haben: Hören sollte man das nicht, zum Beispiel daran, dass Sie leiern.
- ❒ Sprechen Sie langsam, deutlich und freundlich. Reden Sie einfach jedesmal so, als ob Sie die Argumentation zum ersten Mal vorbrächten.
- ❒ Wenn Sie mit übergeschlagenen Beinen sitzen, achten Sie auf Ihre Fußspitze: Bei vielen Frauen wippt diese auffällig, wenn sie ungeduldig werden.
- ❒ Kleiden Sie sich gut, aber nicht deutlich besser als der Kunde.
- ❒ Es ist gut, immer etwas Schwarzes oder Gedecktes im Büro zu haben, falls sich überraschend Kunden ansagen.
- ❒ Zwischen zwei Kundenbesuchen kann frau sich durchaus auch einmal umziehen. Die Einkaufsabteilung eines Konzerns besucht man im Kostüm, während man beim Einzelhändler um die Ecke, der in Pulli und Jeans hinterm Tresen steht, damit nur arrogant, lächerlich oder unsicher wirkt.

Wenn Ihre Mitarbeiter Sie nicht ernst nehmen

„Typisch weiblich"

Viele Frauen führen und kommunizieren sehr kollegial, was die Populärliteratur flugs den „typisch weiblichen Führungsstil" getauft hat. Dieser Stil hat viele Vorteile. Er sorgt unter Mitarbeitern für ein besseres Klima als der typisch männliche Führungsstil. Leider hat jede Medaille zwei Seiten. Der typisch weibliche Führungs- und Kommunikationsstil hat den gravierenden Nachteil, dass Frauen und Chefinnen häufig nicht ernst genug genommen werden, Durchsetzungsprobleme bei den eigenen Mitarbeitern haben. Darüber beklagen sich auch etliche meiner Seminarteilnehmerinnen und Coachees: „Die Mitarbeiter sagen zwar ‚Jaja' – doch passieren tut nichts!" Das ist eigentlich logisch, denn ein Kollege hat keine Weisungsgewalt.

Wenn Sie möchten, dass etwas Bestimmtes erledigt wird, treten Sie nicht als Kollegin auf.

Ironischerweise schaffen es viele Frauen sogar noch, wenn sie vis-à-vis stehen, ihre Autorität zu untergraben, indem sie freundlich lächelnd den Kopf zur Seite neigen. Diese Kopfneigung ist ohnehin etwas typisch Weibliches – einen Mann werden Sie nur in seltensten Fällen bei der Kommunikation seinen Kopf zur Seite neigen sehen.

Autorität hat man nicht, man strahlt sie aus!

Sicher haben Sie schon einmal die Redewendung gehört, dass jemand „eine natürliche Autorität ausstrahlt". Eine sehr kluge Redewendung.
Viele Frauen untergraben ihre eigene Autorität, indem sie auf Schulterschluss stehen, Anweisungen durch Kopfneigung, Lä-

Abb. 13: Kolleginnen stehen Schulter an Schulter – Chefin und Mitarbeiterin stehen vis-à-vis.

cheln und unsichere Stimme wie unverbindliche Bitten erscheinen lassen und andere Körpersignale der Unsicherheit senden. Ihr Mund sagt: „Mach mal!", doch ihr Körper sagt: „Nicht so wichtig!" Da beide Botschaften sich widersprechen, verlässt sich der Mitarbeiter unbewusst und automatisch auf das Körpersignal. Denn Körpersprache ist die entwicklungsgeschichtlich ältere Sprache. Bevor der Mensch sprechen konnte, hat er mit Händen und Füßen gesprochen.

Wenn Sie möchten, dass man Sie ernst nimmt, strahlen Sie bewusst eine gesunde Autorität aus.

Das heißt zum Beispiel auch, dass Sie Mitarbeiter zur Arbeitsbesprechung durchaus in der Sitzecke empfangen können. Doch wenn es um klare Anweisungen oder ein Kritikgespräch geht,

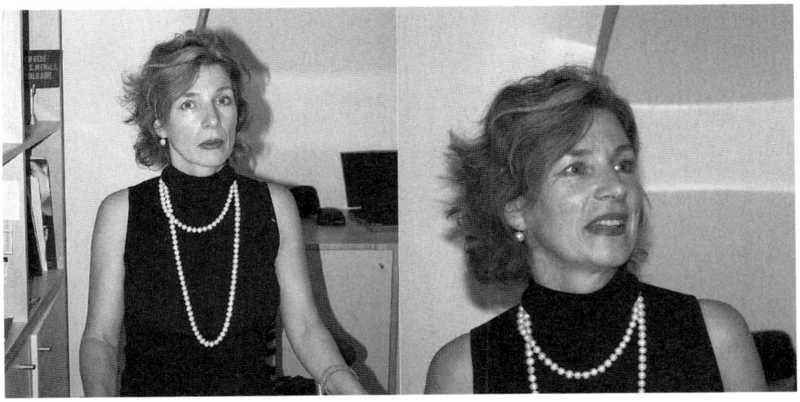

Abb. 14: Bei welcher Körpersprache macht der Mitarbeiter eher, was die Chefin von ihm erwartet?

unterstreichen Sie Ihre Autorität, indem Sie ihn vor Ihren Schreibtisch platzieren. Wenn Sie einem Mitarbeiter an dessen Arbeitsplatz eine Anweisung erteilen, lassen Sie nicht zu, dass Sie ihn buchstäblich von der Seite anreden müssen, weil er zum Beispiel gerade am PC tippt. Lassen Sie ihm das nicht durchgehen. Sonst untergraben Sie Ihre eigene Autorität. Räuspern Sie sich einfach (suggestives Signal), damit er sich im körpersprachlichen Sinn voll Ihnen zuwendet.

Eine Anweisung ist keine Frage!

Auch die Stimmführung ist eine andere, wenn Sie möchten, dass etwas erledigt wird. Viele Frauen sprechen zaghaft, leise und unsicher. Das ist okay, wenn frau nichts von der Welt will. Will sie, sollte sie auch die Stimme entsprechend verändern: fest, lauter (nicht laut), mit einer Stimmabsenkung am Ende der Sätze. Viele Frauen heben selbst bei Anweisungen die Stimme am Satzende – so klingt jede Anweisung wie eine Frage. Damit stellt frau ihre Anweisung und ihre Autorität buchstäblich selbst in Frage.

> Wenn Sie möchten, dass man Sie ernst nimmt, treten Sie entsprechend auf.

Ganz nebenbei haben wir damit das eigentliche Problem von berufstätigen Frauen mit der Körpersprache gestreift: Viele Frauen erwarten, dass sie am Arbeitsplatz, von Chefs, Kollegen, Mitarbeitern und Kunden ernst genommen werden, treten aber nicht so auf, dass sie ernst genommen werden können. Erwartungen und Körpersprache divergieren erheblich. Da aber (untrainierte) Körpersprache unbewusst abläuft, bemerken die meisten Frauen nicht die Ursache des Problems, sondern nur dessen Symptome. Die Schuld dafür schieben sie dann anderen zu: „Mein Chef ist eben frauenfeindlich." „Die Kollegen sind sowas von unkollegial!" „Meine Kunden sind echte Chauvis!" Nein – die Körpersprache stimmt ganz einfach nicht. Überspitzt formuliert: Viele Frauen provozieren mit ihrer unbedachten Körpersprache exakt das Missverhalten der Männer, über das sie sich dann beklagen. Das ist alles nicht nötig, wenn Sie Körpersprache beherrschen.

5 Körpersprache im Konflikt

Männer toben, Frauen schmollen

Sind Frauen tatsächlich harmoniesüchtig?

Wenn zwei sich streiten, freut sich der Mann. Wenn Männer und Frauen in einen Konflikt geraten, behalten meist Männer die Oberhand. Weil dem so ist, haftet Frauen vor allem im Beruf das Stigma der „Konfliktschwäche" und der „Harmoniesucht" an. Sind Frauen tatsächlich konfliktschwach? Haben Frauen etwa die schlechteren Argumente? Nein, im Gegenteil! Prüft man Konflikte ex post (nach deren Abflauen), erkennt man meist: „Tja, die Frau hatte doch Recht."

!

Wenn Frauen die besseren Argumente haben und trotzdem im Konflikt unterliegen, liegt es offensichtlich nicht so sehr an der Sprache, sondern vielmehr an der Körpersprache.

Um das zu erkennen, müssen wir lediglich die Augen aufmachen: Der Konflikt hat seine eigene Sprache, seine eigene Körpersprache. Männer sprechen im Konflikt typischerweise eine ganz deutliche Körpersprache: Sie

Männliche Körpersprache in Konfliktsituationen

- ➔ hauen auf den Tisch,
- ➔ werden laut,
- ➔ rücken auf die Pelle (Verletzung der Distanzzone),
- ➔ stehen ihren Mann,
- ➔ treten entschieden auf,
- ➔ gehen in den Konflikt,

- ➔ verschränken die Arme,
- ➔ blasen die Backen auf,
- ➔ schauen böse und feindselig,
- ➔ schlagen Türen.

Frauen sprechen im Konflikt eine ganz andere Körpersprache: Sie

Weibliche Körpersprache in Konfliktsituationen

- ➔ werden eher leise,
- ➔ gehen auf Abstand,
- ➔ weichen dem Konflikt aus,
- ➔ brechen den Blickkontakt ab,
- ➔ schauen schüchtern von unten herauf,
- ➔ wenden sich ab,
- ➔ lächeln verunsichert,
- ➔ kneten unentschlossen die Hände,
- ➔ sitzen schmollend in der Ecke,
- ➔ verfallen in eine „Demutsstarre",
- ➔ gehen dem Konfliktpartner eher aus dem Weg,
- ➔ schauen versteinert drein,
- ➔ schweigen und gucken beleidigt.

Im Konflikt tendieren Männer zu Drohgebärden, Frauen zu Demutsgebärden

Dieses körpersprachliche Missverhältnis ist mit schuld, dass Frauen sich oft nicht durchsetzen können. Denn ihre Körpersprache sagt (unbewusst): „Mit mir kann mann's machen!" Ihre Körpersprache signalisiert Rückzug, nicht Durchsetzung.

!

Wenn im Konflikt Ihre Körpersprache Rückzug signalisiert, sind alle guten Argumente umsonst.

Die falsche Körpersprache ermutigt selbst friedliebende Männer dazu, den Rechthaber herauszukehren und nachzusetzen. Es löst bei ihnen sozusagen einen Fluchtreflex aus: Flüchtet die Beute (körpersprachlich), setzt der Jäger nach. Das ist kein böser Wille, sondern schlichter Instinkt. Da kann frau die tollsten Argumente vorbringen – wenn der Körper Demutssignale sendet, achtet der Mann auf die Körpersignale, nicht auf die Argumente.
Die meisten Frauen berichten in meinen Seminaren und Coachings, dass sie unter der mehr oder minder starken Konfliktdominanz der Männer leiden. Sie merken recht wohl, dass sie viel zu oft den Kürzeren ziehen – doch sie wissen nicht, warum! Das ist verständlich, denn wer beobachtet im Konflikt schon seine eigene Körpersprache und die des Konfliktpartners? Warum zeigen Frauen im Streit unbewusst so viele Demutssignale?

Warum Frauen sich unbewusst unterwerfen

Die Angst der Frauen

Warum senden Frauen im Konfliktfall typischerweise unbewusste körpersprachliche Signale der Unterwerfung? Warum sabotiert ihr Körper sie unabsichtlich selbst? Warum stolpern sie über die eigene Körpersprache? Es gibt einige Erklärungshypothesen dafür. Eine eingängige Erklärung besagt: Frauen haben eine entwicklungsgeschichtlich verankerte, tief sitzende Furcht vor körperlichen Übergriffen von Männern. Jede Frau weiß, dass der Mann ihr körperlich überlegen ist. Deshalb wird sie ihn rein instinktiv nie so provozieren, dass es zum Äußersten kommt. Für diese Erklärung spricht auch, dass Frauen gegenüber Frauen im Konflikt weitaus aggressiver sein können (so genannter Maria-Stuart-Effekt). Die unbewusste Angst vor männlichen Übergriffen schwingt unterschwellig mit und beeinflusst unbewusst die Körpersprache.
Diese Angst ist als evolutorischer Schutzfaktor durchaus sinn-

voll, jedoch wie alle Ängste nur innerhalb ihres Kontextes: Wenn der Neandermann bereits zur Keule greift, macht es tatsächlich mehr Sinn, lieber treuherzig-unschuldig mit den Augen zu klimpern, als mit der Faust auf den Tisch zu hauen und eine körperliche Auseinandersetzung zu provozieren, die frau mit hoher Wahrscheinlichkeit verliert. Das Blöde an dieser Schutzangst ist jedoch: Sie schaltet sich auch dann ein, wenn sie fehl am Platze ist. Denn in unserer modernen Zeit denken Männer eben nur noch äußerst selten daran, mit der Holzkeule auf Frauen loszugehen.

> Wenn die unbewusste Angst vor dem körperlich stärkeren Mann objektiv nicht angebracht ist, schalten Sie sie bewusst ab – damit verliert sie ihre Macht über Sie.

Das heißt nicht, dass Sie ihn jetzt bis aufs Blut reizen sollen. Auch aus diesem Grund ist die diffuse Angst kein guter Ratgeber: Es gibt nicht nur die Alternative „Den Mann total provozieren oder körpersprachlich auf Rückzug schalten“. Zwischen den Extremen gibt es noch so viele körpersprachliche Signale, die beides können: Ihre Sicht der Dinge durchsetzen und den Mann trotzdem nicht zu Handgreiflichkeiten provozieren.

> Im Konflikt gibt es nicht nur die Wahl zwischen Angriff und Rückzug. Wählen Sie Körpersignale, die nicht provozieren und trotzdem Ihre Interessen durchsetzen.

Stark sein, nicht hart sein

Gerade diese ausgewogene Mischung aus Deeskalation und Durchsetzung ist die Kunst der Körpersprache: Stark sein, nicht hart sein. Sich durchsetzen, nicht provozieren. Frau bleiben, statt wie ein Mann zu streiten. Es gibt viele Möglichkeiten, mit suggestiver Körpersprache den Mann auf dem Teppich zu lassen und sich trotzdem durchzusetzen. Betrachten wir einige davon im Folgenden.

Die Monroe-Masche

An erfolgreichen Business-Frauen fällt ein nicht durchgängig zu beobachtendes körpersprachliches Muster der Durchsetzungsstärke auf. Sie sind eben nicht 24 Stunden am Tag business-tough, auch wenn sie in Filmen und Reportagen so dargestellt werden; eben als typisches, beinhartes Business-Weib. Was in der realen Wirklichkeit auffällt, ist vielmehr eine auf den ersten Blick überraschende Verhaltensflexibilität, die auf den zweiten Blick Sinn macht – zum Beispiel im Konflikt. Da kann es einem schon mal passieren, dass eine sonst entschlossen und souverän auftretende Doktorin oder Ingenieurin plötzlich auf naiv schaltet, baff dreinblickt, die Augen aufreißt, die Stirn furcht, eine Hand an den Mund nimmt und dazu Begleitgeräusche macht wie: „Ach ja? Ist das so? Das wusste ich nicht!" Gerade wenn ein Mann im Konflikt so richtig in Fahrt gekommen ist, wirft ihn das oft völlig aus dem Gleis. Er hat erwartet, dass die Frau kräftig dagegenhält, und jetzt hat er plötzlich ein hilfloses Weibchen vor sich. Oft verwirrt ihn das so, dass er die Nerven verliert und einlenkt: „Ach, vergessen Sie's einfach, das müssen wir jetzt nicht bis ins Letzte abklären!"

Ach ja? Ach wirklich?

Viele Männer reagieren auf dieses Treudoof-Manöver nicht mit Einlenken, sondern mit noch stärkerem Draufhauen! Sie können sich denken, welches Kaliber ein Mann haben muss, wenn er umso stärker draufhaut, je hilfloser sein Gegenüber ist – aber die Frau kann sich ihre Konfliktpartner nicht immer aussuchen. Auch bei solchen aggressiven Typen greift die Dummchen-Masche, die übrigens von Marilyn Monroe perfekt beherrscht wurde. Die Monroe hatte diese Masche auf und außerhalb der Leinwand so gut drauf, dass selbst heutzutage nur wenige Menschen wissen, dass Norma Jean Baker eine hoch intelligente und sehr komplexe Persönlichkeit war. Gerade aggressive Typen geraten bei der Dummchen-Masche in einen derartigen „Blutrausch", dass sie unweigerlich und umgehend einen Riesenfehler begehen (immerhin glauben sie ja, ein Dummchen vor sich zu ha-

Die Monroe war kein Dummchen!

ben). Als Frau müssen Sie lediglich auf diesen Hammer warten – und ihn dann nur noch auf den Zeh des Wüterichs fallen lassen: „Moment mal, sagten Sie nicht gerade eben ... ? Da haben Sie sich wohl etwas vertan, mein Lieber, denn die Sache ist doch wohl so: ...!“ Je aggressiver der Typ, desto weniger kann er mit dieser überraschenden Wendung umgehen. Er beginnt, sich zu rechtfertigen, verhaspelt sich noch mehr in Widersprüchen und zerlegt sich vor Ihren Augen selbst. Das Mitleid können Sie sich sparen – wenn ein Mann derart aus dem Rahmen des sittlich Gebotenen fällt, tun Sie ihm einen Gefallen, wenn Sie ihn wieder zur Vernunft bringen.

So bringen Sie den Mann wieder zu Vernunft.

Eine dritte typische Reaktion auf das Monroe-Manöver ist der totale Umfaller. Der Beschützerinstinkt des Mannes bricht durch: „Ach, wissen Sie was? Überlassen Sie das einfach mir!“ Das ist ein Konfliktergebnis, das Sie selbst mit der ausgefallensten Argumentation nur selten erreichen: Wieder einmal ist die Körpersprache der gesprochenen Sprache überlegen. Sie ist nicht nur effektiver, sie ist auch effizienter – frau spart damit viel Atem. Warum haben erfolgreiche Business-Frauen mit dem Monroe-Manöver so verblüffenden Erfolg? Das Manöver nutzt, wie Sie bereits vermutet haben, die typisch männlichen Klischeevorstellungen aus. Männer halten sich ohnehin für klüger als Frauen und im Streit wächst sich dieses niedliche Vorurteil zum galoppierenden Dogma aus – worüber wir uns an anderer Stelle oft genug beklagen. Im Konflikt können Sie diesen Nachteil endlich einmal zu Ihrem Vorteil nutzen. Wenn ein Mann schon so klischeehaft denkt, dann dürfen Sie das ruhig zu Ihren und seinen Gunsten nutzen – immerhin wird er erst dankbar sein, dass Sie sein Vorurteil so schön bestätigen, und dann wird er auch noch zu einer Einsicht gebracht, die es ihm in seinem weiteren Leben weitaus leichter macht.

Die Tochter-Taktik

Neulich wurde ich auf einem Firmenflur im Vorübergehen Zeugin einer weiteren sehr erfolgreichen körpersprachlichen Konflikttechnik. Ein Manager und eine Managerin stritten sich.

Er: „Ihre Projektgruppe kriegt das doch wieder nicht auf die Reihe!“
Sie: „Sie haben das schon mal hingekriegt? Erzählen Sie mal!“
Dazu legte sie einen bühnenreifen, treuherzigen Augenaufschlag hin, faltete die Hände und lauschte ihm andächtig mit leicht geöffneten Lippen. Ich musste mich zusammennehmen, um nicht laut zu lachen: Der Manager fiel mit Anlauf und Fallrückzieher voll auf das Körpersprachemuster der braven, ihn anhimmelnden Tochter herein und spielte sofort den strengen, aber gütigen Papa, der nun die Tochter aufklärte, wie die Welt so funktioniert.
Der Streit war in Sekundenschnelle deeskaliert und man unterhielt sich nach der provozierten Prahlerei des Managers ganz sachlich weiter.

Männer, die bewundert werden, streiten nicht.

Natürlich hätte die Managerin nach der körpersprachlich inszenierten Anhimmelei auch den großen Verbalhammer hervorholen können. Das ist die Taktik: Erst mit Anhimmeln in Sicherheit wiegen, ihn damit zu einer Dummheit provozieren und dann eiskalt überführen. Doch das ist nach der Tochter-Taktik nur selten nötig.
Wenn ich solche Frauen treffe, dann wird mir warm ums Herz. „Ein gerissenes Luder“, meint eine Kollegin lächelnd und mit unverhohlener Bewunderung über sie: „Männer sind zu solchen feinmotorischen Suggestivsignalen nicht fähig – die mögen’s lieber grob.“ Was wir daraus lernen können: Spielen Sie Ihre weiblichen Stärken gerade auch im Beruf aus. Nutzen Sie Ihre Vorteile. Es nützt Ihnen und es schadet den Männern nicht – ein ideales Ergebnis.

Spielen Sie Ihre weiblichen Stärken aus!

Der Sphinx-Blick

Über die Sphinx gibt es eine Menge Legenden. Eine besagt, dass sie den vorüberziehenden Reisenden Quizfragen stellte, um sie danach zu piesacken, wenn sie diese nicht beantworten konnten – ein Mythos, der in vielen Kulturkreisen in wechselnder Gestalt auftaucht. Interessant ist, dass in einigen Legenden davon erzählt wird, dass die Fragende, nachdem sie ihre Frage gestellt hatte, einfach nur freundlich und stumm blieb und den Befragten unverwandt fixierte – was die armen Reisenden an den Rand des Wahnsinns brachte. Denn je länger sie nachdachten und je heftiger sie klagten, tobten oder Gegenfragen stellten, umso unverwandter blickte sie die Sphinx einfach nur an. Das haut irgendwann selbst den härtesten Burschen um.

Wenn Ihnen also einer einen Streit aufzwingt, den Sie nicht haben wollen, oder wenn schon alles gesagt ist, der andere jedoch keine Ruhe geben will und bereits Gesagtes immer und immer wieder wiederholt – machen Sie die Sphinx! Stellen Sie Blickkontakt her und halten Sie ihn kontinuierlich – der Blick ist eines der mächtigsten Kommunikationssignale überhaupt. Sie erkennen das auch daran, dass körpersprachlich ungeschulte Menschen sich im Alltag äußerst selten direkt in die Augen blicken – sogar innerhalb der Familie nicht! Der Sphinx-Blick nutzt dies aus: Sagen Sie nichts, schauen Sie einfach nur richtig schön streng und ungehalten (Kopf gerade halten!) dem Konfliktpartner direkt ins schäumende Auge, wie Goethe das in seiner Sturm-und-Drang-Zeit ausdrückte. Behalten Sie dazu Ihre unbewegte Miene. Sie können ab und an die Stirn runzeln oder eine Augenbraue hochziehen – aber wirklich nur ganz moderat und selten.

Sagen Sie nichts!

Je länger Sie so distanziert blicken, desto unsicherer wird der andere. Er denkt: „Warum sagt sie denn nichts mehr? Die muss unglaublich was in der Hinterhand haben, wenn sie mich so auflaufen lässt. Oder sie springt mir gleich ins Gesicht!“ Irgendwann gerät der Streithahn aus dem Konzept: „Was ist denn los?“ Dann sagen Sie’s ihm in zwei Sätzen: „Es ist alles gesagt. Lass uns die

Abb. 15: Wenn der Konfliktpartner keine Ruhe geben will – machen Sie die Sphinx!

Sache beenden oder zu einem Entschluss kommen." Er wird Ihre Bitte zum Anlass nehmen, mit seiner Litanei von vorne anzufangen. Sie schweigen einfach weiter. Wenn Sie das Ganze zwei- bis dreimal wiederholen, merkt der andere schließlich, dass Sie ihn wie eine Fliege im Glas in einer Endlosschleife gefangen haben, und lenkt auf die eine oder andere Weise ein. Entweder er gibt entnervt auf, weil er in Ihnen seine Meisterin gefunden hat, oder er lässt vernünftig mit sich reden – genau das wollen Sie damit erreichen.

Männliche Dominanzgebärden

Männer setzen in Konflikten gern und oft so genannte Droh- und Dominanzgebärden ein. Sie machen das meist nicht deshalb, weil sie so fies und machohaft sind. Meist unterlaufen ihnen diese Gebärden ganz unbewusst – was ihnen im Video-Training auch oft genug peinlich ist, wenn sie zum ersten Mal sehen, welche Gestik und Mimik sie in Konflikten anwenden: „Was? Das habe ich gemacht? Das sieht ja übel aus! Das war mir überhaupt nicht bewusst!“ Typische männliche Dominanzgebärden sind:

Männliche Dominanzgebärden

- das unverhohlene Anstarren des anderen
- das unkommentierte, abqualifizierende Kopfschütteln
- wild mit Händen und Armen fuchteln („mit Händen und Füßen reden“)
- den anderen berühren, zum Beispiel mit dem Finger vorwurfsvoll an die Brust tippen oder großspurig die Hand auf Arm oder Schulter legen: „Jaja, Frau Meier, das lernen Sie auch noch!“
- dem anderen ins Wort fallen (Männer unterbrechen Frauen statistisch viel häufiger als umgekehrt)
- laut werden
- verächtlich durch die Nase schnauben
- dem anderen auf die Pelle rücken (Verletzen der Distanzzone)
- Stirn runzeln, Augenbrauen hochziehen
- mit dem Finger auf den anderen zeigen
- anderen demonstrativ den Rücken zukehren
- verschränkte Arme, breitbeiniger Stand
- Kommunikationsabbruch: sich wegdrehen, weggehen, den Raum verlassen, einfach etwas anderes tun
- keinerlei Reaktion zeigen: sich taub stellen, auf stur stellen, Schulterzucken, den anderen einfach überhören

Das Vertrackte an solchen Gebärden: Sie wirken in der Regel ganz unbewusst auf uns! Hinterher ärgern wir uns zwar, dass wir einem Streithahn gegenüber wieder den Kürzeren gezogen haben, obwohl wir die besseren Argumente hatten – doch wir wissen nicht, wie das kam! Jetzt wissen Sie's: Weil wir oft ganz unbewusst auf Dominanzgebärden mit Rückzug reagieren.

> Lassen Sie sich nicht von Dominanzgebärden beeindrucken. Sobald Sie sich diese Gebärden bewusst machen, verlieren sie ihre Macht über Sie.

Frauen ohne gute Kenntnis der Körpersprache reagieren spontan und unbewusst mit (innerem) Rückzug, wenn ein Mann im Konflikt eine Dominanzgebärde einsetzt, ihnen zum Beispiel zu dicht auf die Pelle rückt (in die Distanzzone einbricht). Frauen mit Körpersprache-Kenntnis lassen sich davon nicht bluffen, weil sie nicht denken „Huch, wie unangenehm!", sondern: „Aha, jetzt probiert er's also mit dieser ausgelutschten Dominanzgebärde!" Wenn Sie die Körpersprache des anderen als solche erkennen und durchschauen, werden Sie nicht länger darauf hereinfallen und unnötig den Rückzug antreten. Mehr noch: Sie können mit gleicher Münze zurückzahlen – zum Beispiel mit der Amazonen-Strategie.

Die Amazonen-Strategie

Sie haben bislang drei körpersprachliche Konfliktstrategien kennen gelernt, die mit ein wenig Übung vor dem Spiegel und in unverfänglichen Situationen schnell und gut gelingen, wenn's drauf ankommt. Die Amazonen-Strategie ist dagegen eine Strategie, die in der Regel nur Amazonen gut und gerne anwenden, also Frauen, die sich's trauen. Sobald Sie sich trauen, entfacht diese Strategie orkanartige Wirkung im Konflikt. Denn damit rechnen Männer nun wirklich nicht: dass eine Frau sie bei ihrem eigenen Spiel schlägt.

z.B

Verena ist so eine Frau. Sie ist Bereichsleiterin bei einem Instrumentenbauer und beherrscht die Amazonen-Strategie aus dem Effeff. Wenn ein Kollege ihr wirklich dumm kommt, auf gute Argumente und auf sachte Winke mit dem Zaunpfahl nicht reagiert, lässt sie sich nicht wie früher schließlich doch unterbuttern, sondern schaltet einen Gang höher:

- ➔ Sie wendet sich dem Konfliktpartner frontal zu und richtet sich zu voller Größe auf.
- ➔ Sie stellt Blickkontakt her und behält ihn bis zum Ende.
- ➔ Sie atmet tief und sichtbar ein (gibt spürbar Energie und ist ein deutliches Drohzeichen).
- ➔ Sie geht in seine persönliche Distanzzone hinein (also auf Armlänge oder etwas kürzer).
- ➔ Sie beugt sich dabei aus der Hüfte heraus sogar noch etwas vor, sodass sie seinem Gesicht ganz nahe ist.
- ➔ Sie runzelt die Stirn oder kneift die Lippen zusammen.
- ➔ Sie setzt eine Dominanzgeste ein, sie tippt zum Beispiel den anderen an die Brust, fasst ihn am Arm, zeigt mit dem Zeigefinger drohend auf sein Gesicht oder legt die Hand auf seinen Schreibtisch oder seine Unterlagen.
- ➔ Manchmal stemmt sie auch drohend die Arme in die Seiten.
- ➔ Oft macht sie eine Ungeduldsgeste: Sie schnippt mit dem Kuli oder dem Finger oder trommelt auf etwas herum.

Der Kniefall

Unter Einsatz dieser Suggestivsignale sagt sie ihm dann, was sie von ihm hält und von ihm erwartet. Aus diesen körpersprachlichen Wirkungskomponenten ist die Amazonen-Strategie kombiniert. Die Wirkung können Sie sich denken. Männer sind darauf programmiert, dass Frauen automatisch zurückweichen, wenn sie den Berserker geben – und nun weicht eine Frau nicht nur nicht zurück, sie geht zum Gegenangriff über? Die meisten Männer machen entsetzt unwillkürlich einen halben Schritt zurück – damit haben sie bereits verloren. Das ist das körpersprachliche Äquivalent des Kniefalls. Der Mann hat verspielt – und das weiß jede Frau, die die Amazonen-Strategie beherrscht.

Früher dachte ich, dass die meisten Frauen sich nicht trauen werden, die Amazone in sich zu entdecken und zu wecken. Dass sie die Strategie für zu aggressiv halten. Doch im Laufe der Jahre hat mich die Erfahrung etwas anderes gelehrt: Sobald Frauen das Vorbild einer erfolgreichen Frau beobachten können, sind sie Feuer und Flamme für die Strategie. Sie beginnen, eifrig vor dem Spiegel, im Coaching oder Seminar oder unter Freundinnen zu üben – das ist allerdings Voraussetzung für die Strategie. Denn ein so komplexes Konzert an suggestiven Körpersignalen gelingt nur mit etwas Übung.
Die Amazonen-Strategie bestätigt wie alle auf diesen Seiten dargestellten Suggestivtechniken eindrucksvoll das Umkehrprinzip der Körpersprache: Selbst Frauen, die jahrelang Probleme mit dem Selbstbewusstsein hatten und sich trotz Einsatz von Mentaltechniken im Konflikt mit Männern einfach zu selten durchsetzen konnten, erfahren schon beim bloßen Einüben der körpersprachlichen Konflikttechniken einen großen Schub an Selbstbewusstsein und innerer Stärke. Das Durchsetzungsvermögen steigt oft in Sekundenschnelle deutlich sichtbar: Die Augen leuchten, die Haltung wird aufrecht und die Frauen berichten, dass sie sich jetzt einfach gut und stark fühlen und sich verdammt nochmal nicht länger unterbuttern lassen werden.

Das Umkehrprinzip der Körpersprache: Eine aufrechte Körperhaltung macht eine aufrechte Geisteshaltung und eine aufrechte Geisteshaltung macht eine aufrechte Körperhaltung.

!

Psychologen sprechen – wie im Kapitel 1 bereits beschrieben – in diesem Zusammenhang von Postural Setting: Körpersprache und Geisteshaltung sind untrennbar miteinander verknüpft. Jahrzehntelang glaubte man, dass der Körper die Gedanken spiegelt – doch das Postural Setting stellt diesen Zusammenhang auf den Kopf.
Wenn Sie also in den nächsten Konflikt geraten, sorgen Sie einfach

für das richtige Postural Setting, die richtige Körperhaltung, und Sie werden förmlich spüren, wie Ihre Courage, Ihr Selbstbewusstsein und Ihre Durchsetzungsstärke sprunghaft ansteigen. Genau mit dieser Einstellung sollten Sie generell in Konflikte gehen. Damit haben Sie bereits gewonnen, noch bevor der Konflikt überhaupt begonnen hat.

! Ihre Körperhaltung (Postural Setting) beeinflusst Ihre Einstellung. Und Ihre Einstellung beeinflusst Ihren Erfolg.

Wie dressiere ich einen Mann?

Für die Besorgten unter Ihnen: Wie bereits mehrfach angedeutet sollen Sie mit den überaus wirksamen suggestiven Konflikttechniken, die wir hier betrachten, den armen Mann nicht an die Wand drücken – obwohl das ohne weiteres machbar ist, wenn Sie es möchten und wenn es nötig ist. Doch im Normalfall dienen diese Techniken nicht dazu, eine Win-Lose-Situation zu schaffen, sondern einfach nur dazu, den Mann von seinem Dominanztrip und seiner überschießenden Streitlust herunterzubringen, damit Sie vernünftig mit ihm reden können. In der Regel ist das eben nur möglich, wenn Sie ihm dafür die nötigen suggestiven Körpersignale senden. Wenn Sie dahinter die ersten Anzeichen einer Dressur entdecken, haben Sie bereits ein gutes Auge für die suggestive Körpersprache entwickelt.

Erfolgreiche Frauen führen körpersprachlich

Sie setzen sich nicht mit vielen Worten, sondern allein schon mit ihrer suggestiven Körpersprache durch. Oder wie die Mentorin einer sehr erfolgreichen Abteilungsleiterin in einem Elektro-

Konzern berichtet: „Wenn ich meiner Mentée bei der Moderation zusehe, bin ich richtig stolz auf sie. Ein Wink und die Männer benehmen sich. Eine Handbewegung und es herrscht Ruhe in der Kiste. Wenn sie lächelt, geht die Stimmung um zehn Grad hoch." Warum? Aus einem einfachen Grund:

> Suggestive Körpersprache hat zwei Effekte: einen spontanen Wirkeffekt und einen langfristigen Lerneffekt.

Beide Effekte sind äußerst angenehm, doch der zweite ist obendrein extrem effizienzsteigernd. So ist jeder streitlustige, Dominanzgebärden wie eine Waffe schwenkende Mann mächtig beeindruckt (Spontaneffekt), wenn Sie ihm gegenüber zum Beispiel die Amazonen-Strategie einsetzen. Doch wenn Sie das ein-, zweimal gemacht haben, müssen Sie das überhaupt nicht mehr tun – der Mann reagiert bereits, bevor Sie das volle Amazonen-Arsenal auf ihn richten (Lerneffekt). Denn er hat dazugelernt. Behaupte noch eine(r), Männer seien nicht lernfähig. Je klüger die Frau, desto lernfähiger der Mann. Bei der eben erwähnten Abteilungsleiterin reichen zum Beispiel schon die volle Zuwendung zum Konfliktpartner und ein strenger Blick, um ihn wieder auf den Boden zu bringen. Denn er hat aus der Vergangenheit gelernt, in der diese Signale die Amazonen-Strategie ankündigten: „Oh, gleich wird's haarig! Also schnell leiser treten, bevor sie richtig wütend wird!"

Je klüger die Frau, desto lernfähiger der Mann.

> Je besser Sie einige Suggestivtechniken beherrschen, desto seltener und sparsamer müssen Sie sie anwenden: Mann hat dazugelernt!

Auch deshalb scheinen erfolgreiche Frauen ohne jede Anstrengung zu führen und sich durchzusetzen: Als Laie glaubt man, da steckt ein Geheimnis oder Zauberei dahinter. Als Fachfrau für Körpersprache werden Sie jedoch die vielen kleinen suggestiven

Signale erkennen, die früher mal große Gesten waren, inzwischen jedoch wegen des Lerneffekts auf ein kaum mehr wahrnehmbares Maß zurückgefahren werden können. Führen per Fingerzeig, sozusagen.

Die Nein-Lächel-Technik

Es gibt noch eine fünfte suggestive Konflikttechnik, die erfolgreiche Frauen anwenden. Sie ist genial einfach: Einfach Nein sagen und dabei lächeln! Wenn Sie es schon probiert haben, werden Sie die überraschende Wirkung bereits erlebt haben.

Warum ist so ein simples Suggestivsignal derart wirkungsvoll? Weil es ein widersprüchliches Signal ist und widersprüchliche Signale sehr wirksam sind. Normalerweise sollten Sie sie vermeiden: Wenn Sie im Streit zum Beispiel „Nein“ sagen, Ihr Körper aber „Ich bin auf dem Rückzug!“ sagt, dann sorgt dieses widersprüchliche Signal dafür, dass der Mann nachsetzt und Sie an die Wand zu drücken versucht. Wenn Sie dagegen das widersprüchliche Signal bewusst einsetzen, wirkt es genauso suggestiv, doch dann zu Ihrem Vorteil.

Ein widersprüchliches Signal bewusst einsetzen

!

> Die Regel: Vermeiden Sie widersprüchliche Signale!
> Die Ausnahme: Es sei denn, sie nützen Ihnen!

Ihr Gesicht lächelt, doch Ihre Stimme sagt laut und deutlich: „Tut mir leid, das geht nicht!“ Das wirft selbst den streitlustigsten Menschen aus der Bahn, denn der Widerspruch der Signale verwirrt ihn. Auf meinen Seminaren stelle ich immer wieder fest, dass viele Frauen diese Technik nicht nur deshalb als Konflikttechnik bevorzugen, weil sie so einfach und wirksam ist, sondern vor allem, weil sie die Harmonie wahrt. Eine meiner Seminarteilnehmerinnen spricht für viele: „Ich kann dabei sehr freundlich

Hart, aber herzlich

und beziehungsschonend bleiben. Ich muss dem anderen nicht weh tun – und trotzdem kann ich damit Nein sagen, wenn ich Nein sagen möchte!" Hart, aber herzlich. Entschieden, aber freundlich. Durchsetzungsstark und dabei weiblich. Das ideale Suggestivsignal: Obwohl frau laut und deutlich Nein sagt, kann der Konfliktpartner ihr nicht wirklich böse sein. Genauso möchten die meisten Frauen Konflikte lösen: in Harmonie. Schön, dass es dafür Techniken gibt.

Am besten kombinieren

Sie haben nun fünf Suggestivtechniken für den Konfliktfall kennen gelernt. Frauen, die sich durchsetzen, beherrschen alle fünf (manchmal auch mehr). Das verleiht ausreichend Flexibilität, um für jede Situation, jeden Konfliktpartner und jede Stimmung die passende Technik zu wählen. Vor allem kann frau die einzelnen Techniken miteinander kombinieren, um wirklich für alle Fälle gewappnet zu sein.
Frauen, die in Körpersprache ungeschult sind, verfügen meiner Beobachtung nach über diese Flexibilität nicht. Sie spulen im Konflikt immer dasselbe Suggestiv-Repertoire ab. Sie geben entweder das schmollende Mädchen, die aufgebrachte Megäre, die schnippische Xanthippe oder die moralisch zutiefst Entrüstete. Diese Suggestivtechniken sind allesamt sehr wirksam – wenn sie im passenden Kontext angewandt werden! Doch wenn der streitende Mann sich zum Beispiel weigert, auf die Darbietung des schmollenden Mädchens wie ein gütiger Vater oder großer Bruder zu reagieren, läuft diese Körpersprache ins Leere! Und wenn Sie dann keine andere Suggestivtechnik parat haben, passiert genau das, was täglich passiert: Der Mann argumentiert Sie gegen die Wand.

!

Verhaltensflexibilität ist Schlüsselkompetenz: Das flexiblere Element steuert das System.

Glücklicherweise haben Frauen da einen soziologischen Vorsprung: Sie sind in der Regel verhaltensflexibler als Männer. Wir können auch anders!

Konflikte geben Energie!

Konflikte sind nicht die Ausnahme, sondern die Regel bei der Kommunikation.

Vielleicht haben Sie beim Lesen dieses Kapitels hin und wieder geseufzt: „Warum muss ich denn überhaupt Konflikttechniken anwenden? Geht's nicht auch ohne?" Diese Reaktion ist normal. Konflikte sind für die meisten Menschen etwas Unangenehmes. Trotzdem gehören sie zur täglichen Kommunikation.
Erfolgreiche Frauen haben das recht früh in ihrer Entwicklung erkannt. Wie eine Coachee sagt: „Ich finde Konflikte genauso lästig wie jede andere Frau auch – aber ich hatte es irgendwann einfach satt, ständig die Dumme dabei zu sein. Also habe ich mich aufgerafft – und plötzlich war alles ganz einfach!" So einfach ist es tatsächlich. Wenn Sie sich auch nur dreimal aufraffen, eine der Konflikttechniken aus diesem Kapitel anzuwenden, werden Sie einige Überraschungen erleben: Die suggestive Konfliktbewältigung

- → fällt überraschend leicht,
- → funktioniert überraschend gut und
- → reduziert überraschenderweise die Anzahl der Konflikte!

Jede gute Konfliktbewältigung hat eine präventive Wirkung

Wie das denn? Der Grund ist einfach. Recht schnell merken nämlich die notorischen Streithähne, Chauvis und Frauenunterbügler, dass Sie es nicht (mehr) mit sich machen lassen. Dass sie bei Ihnen auf Granit beißen. Dass Sie eben nicht länger zurückweichen. Dass Sie sich jetzt durchsetzen können. Danach sinkt die Streitlust der Streithähne drastisch.
Dieser Effekt wiederum ist ein unglaublicher Ego-Booster: Es gibt einfach ein tolles Gefühl, konfliktkompetent zu sein, sich nicht länger vor Konflikten fürchten zu müssen und nicht ständig im Streit auf dem Rückzug zu sein. Es befreit innerlich. Im Coaching höre ich förmlich, wie vielen Frauen der sprichwörtliche Stein vom Herzen fällt. Eine unglaubliche Energie wird da frei, die vorher in nutzlosen und frustrierenden Rückzugsgefechten und Enttäuschungen gebunden war.

Der Boostereffekt

Kompetenz in Körpersprache befreit und gibt neue Energie!

Viele Frauen melden mir ganz begeistert zurück, dass sie die „stumme", körpersprachliche Konfliktbewältigung viel besser finden als das herkömmliche Argumentieren, Streiten, Reden und endlose Diskutieren:

- „Es funktioniert, ohne dass ich viele Worte machen muss! Einfach nur durch einen scharfen Blick oder ein entwaffnendes Lächeln!"
- „Nonverbale Konfliktsignale funktionieren besser und schneller als das viele Reden."
- „Mit suggestiven Signalen wird die Stimmung im Streit sofort besser, alles ist harmonischer, als wenn wir große Worte machen."

Wer Konflikte (auch) nonverbal bewältigt, spart sich viele Worte, behält seine Kraft und Energie, vermeidet Stress und fördert die Harmonie.

Mobbing

Mobbing ist eine Steigerungsform des Konflikts. Ich würde Ihnen gerne dieses unangenehme Thema ersparen, doch ist die Anzahl der Mobbing-Opfer erschreckend hoch und der Anteil der Frauen darunter schockierend. Es gibt Branchen und Betriebe, in denen 80 Prozent der Mobbing-Opfer Frauen sind.
Bei formlosen Umfragen stelle ich immer wieder fest: Fast jede zweite Frau hat schon unliebsame Erfahrung zumindest mit dem Einzelmobbing gemacht: Einer oder eine hat es auf sie abgesehen. Das kann ein Mitarbeiter oder eine Mitarbeiterin, eine Kollegin oder ein Kollege, der Chef oder die Chefin sein. Charakteristisch dabei ist: Der Konflikt ist zum Dauerkonflikt geworden. In regelmäßigen Abständen startet der Mobber seine Mobbing-Attacken. Was ist dagegen zu tun?

Wer Angst hat, wird gebissen.

Kindern sagt man: „Wenn der Hund merkt, dass du Angst hast, beißt er dich!« Ich weiß nicht, ob das bei Hunden stimmt, bei Menschen stimmt es auf jeden Fall. Wer sich klein macht, den machen die anderen noch kleiner. Wer einem Mobber gegenüber Unterwerfung andeutet, der wird unterworfen. Sie kennen inzwischen die Zeichen einer unterwürfigen Körpersprache: kein Blickkontakt oder Blick von unten, eingefallene Haltung, schlaffe, versteckte oder verkrampfte Hände, leise Stimme.

Mobbing-Opfer animieren durch ihre Körpersprache zum Mobbing. Die Körpersprache ist nicht die Ursache, aber die Einladung fürs Mobbing.

Das Wichtigste bei der Mobber-Abwehr ist der Blickkontakt. Arnold Schwarzenegger sagte einmal in einem seiner Filme: „Ich will das Gelbe im Auge meines Feindes sehen." Das ist zwar ziemlich martialisch, trifft aber den Kern. Ein scharfer Blick schüchtert Angreifer ein. Wer genau hinschaut, wird bemerken, wie ihn das verunsichert. Er schluckt, seine Hände verkrampfen sich, seine Körperhaltung wird unsicher, sein sprachlicher Angriff kommt aus dem Tritt. 1:0 für den Angegriffenen.

Der scharfe Blick

Der direkte Blick ist umso wirksamer, je öfter Sie bislang weggeguckt haben, wenn der Mobber angriff. Jetzt schauen Sie ihn plötzlich an wie ein gereizter Stier: Sie ziehen drohend die Augenbrauen zusammen – das Signal für: „Freundchen, nimm dich in Acht!" Testen Sie Ihr Repertoire an scharfen Blicken vor dem Spiegel. Viele Menschen haben ihre eigene, persönliche Variante für einen säurescharfen Blick. Eine 36-jährige Sekretärin beispielsweise beherrscht einen wunderbaren Blick. Wenn eine Kollegin sie abkanzeln will, schaut sie zuerst etwas gelangweilt halb zur Decke über die Mobberin weg. Das signalisiert: „Dich übersehe ich doch glatt." Wenn die Mobberin dann in Fahrt kommt, senkt sie ganz langsam, wie in Zeitlupe, ihren Kopf und schaut der Frau voll ins Auge. Das bringt auch die hartnäckigste Mobberin aus der Fassung.

„Vorbeugende Hausbesuche"

Besser ist, Sie lassen es gar nicht so weit kommen. Warten Sie nicht, bis der Mobber auf Sie losgeht. Machen Sie, wie eine Seminarteilnehmerin das nannte, „vorbeugende Hausbesuche". Legen Sie bei Besorgungen Ihre Route im Büro so, dass Sie am Arbeitsplatz des Mobbers vorbeikommen. Lächeln Sie ihn freundlich – natürlich nicht auffordernd! – und bestimmt an und stellen Sie Blickkontakt her. Das signalisiert: „Ich behalte dich im Auge!" Sie werden verblüfft sein, wie ein wohldosierter und regelmäßig wiederholter Blickkontakt die Mobbinglust des Mobbers im Zaum hält. Gelegenheiten für diesen vorbeugenden Warnblick gibt es genug: in der Kaffee-Ecke, im Aufzug, vor dem Kopierer, beim Meeting, auf dem Gang…

Es wird immer wieder behauptet, dass Frauen männliche Mobber zur Belästigung ermutigen, indem sie Blickkontakt herstellen.

Das ist ein Ammenmärchen. Wenn Sie Ihr Gegenüber mit aufrechter, offener Körperhaltung und einem direkten „Vorsicht, Freundchen!"-Blick fixieren, werden Sie nicht gemobbt. Im Gegenteil, Sie werden respektiert und in Ruhe gelassen. Belästiger gehen vorwiegend auf Frauen los, die durch ihren ausweichenden Blick und ihre wenig selbstbewusste Körperhaltung Schwäche und Unterwürfigkeit signalisieren. Stärke lädt nicht zum Übergriff ein. Doch mit der Demonstration von Stärke haben manche Frauen Probleme. Manche lächeln doch tatsächlich, wenn sie gemobbt werden. Es ist ihnen peinlich und sie wollen die Situation mit einem verlegenen Lächeln retten. Das geht nach hinten los. Denn wenn Frauen in solchen Situationen lächeln, fassen das Belästiger als zustimmendes Lächeln und Aufforderung auf, weiterzumachen. Es nützt dann gar nichts, wenn frau hinterher empört behauptet: „Aber so habe ich das doch überhaupt nicht gemeint!" Es war nicht so gemeint, aber es hat so gewirkt.

Demonstrieren Sie Stärke!

Das Zweitwichtigste für die Mobber-Abwehr ist die Körperhaltung. Man könnte fast behaupten, dass Mobbing-Opfer eine eigene Körpersprache haben: Sie wirken klein, schwach und schüchtern. Wie demonstrieren Sie Stärke? Selbstverständlich richten Sie Ihr Rückgrat zur vollen Länge auf. Sie machen sich nicht länger klein, Sie machen sich groß und breit. Stehen Sie eher breitbeinig, Gewicht auf beiden Füßen und frontal zum Gegner. Wie John Wayne als Marshall Rooster: furchtlos und mächtig wie ein normannischer Kleiderschrank. Es macht nichts, wenn Sie nur 50 Kilo wiegen und einssechzig groß sind.

Denken Sie sich als Kleiderschrank und Sie wirken wie ein Kleiderschrank.

Eine alte Samurai-Weisheit sagt: „Wenn Dein Schwert kurz ist, mach einen Schritt nach vorne." Angriff ist die beste Verteidigung. Sie müssen nicht mit den Fäusten auf den Mobber losgehen. Es gibt elegantere Methoden. Sie kennen inzwischen die Distanzzonen. Wann immer jemand in die persönliche Distanzzone (Armlänge) eindringt, reagieren wir mit Abwehr. Wenn jemand Ihre Distanzzone verletzt – dann rücken Sie dem Mobber auf die Pelle! Die Wirkung ist erstaunlich.

Wer sich nicht wehrt, lebt verkehrt

Man kann jede Situation als Opfer oder als Täter erleben. Wir bekommen, was wir ausstrahlen. Wenn wir klein und geduckt durchs Leben gehen, werden wir klein gemacht. Wer aufrecht den Dingen ins Auge schaut, kommt weiter. Je konsequenter Sie sich mit Ihrer Körperhaltung als aufrechte Frau profilieren, desto stärker verändert sich auch Ihre innere Einstellung: Sie lassen es nicht mehr mit sich machen.

„Aber wenn ich auf Konfrontation gehe, dann wird die Stimmung am Arbeitsplatz ja noch mieser!" Vielleicht. Doch was passiert, wenn Sie es nicht tun? Wird die Situation besser, wenn Sie es weiter mit sich machen lassen? Nein. Tatsächlich ist es umgekehrt: Wer sich nicht wehrt, lebt verkehrt. Wer sich nicht wehrt, bekommt immer noch eins drauf. Wer sich wehrt, verschafft sich Respekt. Zunächst einmal vor den anderen und dann auch vor sich selbst. Und wer respektiert wird, wird nicht gemobbt. Wenn in Ihrer Abteilung extrem gemobbt wird, dann müssen Sie sich eben extrem Respekt verschaffen.

Wer sich wehrt, verschafft sich Respekt.

Natürlich sollten Sie immer zuerst prüfen, ob nicht auch eine friedliche Einigung möglich ist. Haben Sie mit dem Mobber schon einmal in aller Güte geredet? Nicht nach dem Muster: „Da müssen wir mal drüber reden." Pauschaldiskussionen bringen nichts. Warten Sie auf den nächsten konkreten Anlass und fragen Sie dann: „Warum bist du so sauer auf mich? Was habe ich getan?" Dann kommen Sie möglicherweise den Ursachen der Mobberei auf die Spur. Oft sind es alte Missverständnisse, die sich ohne weiteres in einem offenen Gespräch klären lassen.

Mobbing ist ein gravierendes Problem. Viele Menschen haben sich schon damit abgefunden. Sie glauben, dass nichts mehr zu machen ist. Dass sie allein nichts ausrichten können. Dass die anderen schuld sind. Natürlich wissen wir alle, dass immer etwas zu machen ist. Dass auch einer allein etwas ausrichten kann. Und dass man immer auch ein bisschen selbst schuld ist. Aber man hat sich schon so an seine Rolle als armes Opfer gewöhnt ... Mein

Gewöhnen Sie sich nicht an die Opferrolle!

Tipp für hartgesottene Opfer: Sie brauchen nicht daran zu glauben, dass Sie etwas ändern können. Glauben Sie ruhig weiter, dass nichts zu machen ist. Dass Sie alleine nichts ausrichten können. Dass die anderen schuld sind. Aber versuchen Sie, nur drei Tage hintereinander bei jeder Gelegenheit Blickkontakt mit dem Mobber herzustellen und aufrecht durchs Leben zu gehen. Sie brauchen nicht daran zu *glauben*, dass das was bringt. Sie brauchen es nur zu *tun*. Zumindest den Versuch sind Sie sich und Ihren Angehörigen schuldig. Versuchen Sie es und beobachten Sie mit scharfem Auge und wachem Verstand die Wirkung: Was genau passiert? Wie verhält sich der Mobber? Es wird Ihr Leben ändern.

6 Die Körpersprache des anderen enträtseln

Beides ist wichtig: Ihre und seine Körpersprache

Körpersprache ist für die meisten Frauen ein unbewusster Vorgang – es sei denn, wir stehen gerade vor dem Spiegel. Aber selbst da schauen wir oft auf die falschen Signale. Das ist gefährlich, wie wir in den vorangegangenen Kapiteln gesehen haben:

Solange Sie sich Ihrer Körpersprache nicht bewusst sind, machen Sie sich selbst das Leben schwer.

!

In diesem Kapitel betrachten wir, warum auch vom umgekehrten Fall eine nicht unbeträchtliche Gefahr ausgeht:

Solange eine Frau die Körpersprache der anderen, vor allem der Männer, nicht bewusst wahrnimmt, lässt sie sich immer wieder unterbuttern.

!

Wir achten zu wenig auf die Körpersignale der anderen. Warum? Weil wir zu sehr damit beschäftigt sind, uns auf das zu konzentrieren, was wir sagen wollen, oder dem Gesprächsfaden zu folgen. Auf diese Weise entgeht uns viel – ausgerechnet das Wesentliche und Entscheidende einer Konversation! Wer nicht bewusst auf die Körpersprache des anderen achtet und sie vor allem richtig entschlüsselt,

- ➔ fällt unbewusst auf männliche Dominanzgesten, Power Moves, Imponiergehabe und Dominanzrituale herein;
- ➔ übersieht wichtige Informationen im Gespräch; nämlich die nonverbalen Hinweise, zum Beispiel auf die Frage: Lügt er mich gerade an? Das erkennt frau nämlich viel eher an Signalen als an Worten;
- ➔ gerät in Gesprächen immer wieder in Sackgassen, ohne zu bemerken, woran das liegt (auch das sagt die Körpersprache des anderen);
- ➔ lässt sich relativ leicht an die Wand drücken;
- ➔ kann die eigenen Wünsche nicht durchsetzen;
- ➔ muss zurückstecken.

> Ob Sie beliebt und erfolgreich sind, hängt zwar auch von Ihrer Körpersprache ab, doch mindestens genauso entscheidend davon, ob Sie die Körpersprache des anderen wahrnehmen und richtig interpretieren.

Der Blick für die Signale des anderen

Haben Sie den Blick für den anderen? Sie finden das schnell heraus, wenn Sie sich beim nächsten Gespräch einfach folgende Fragen stellen:

- ➔ Wie fühlt sich mein Gesprächspartner gerade? (Es steht ihm ins Gesicht und auf die Körperhaltung geschrieben.)
- ➔ Was denkt er? (Seine Mimik und Gestik verraten es besser als seine Worte.)
- ➔ Ist er mir gegenüber zustimmend oder ablehnend eingestellt?

Einfache Fragen, nicht wahr? Trotzdem sagen Frauen oft genug nach dieser Übung: „Ich weiß es nicht. Ich habe einfach nicht genügend darauf geachtet.“ Das ist keine Gedankenlosigkeit, das ist ganz normal. Körpersprache-Kompetenz wird einem nicht in die Wiege gelegt. Die erfolgreichsten Frauen haben sich diesen klaren Blick für den anderen auch erst erwerben müssen.

Wenn Sie die Signale des anderen enträtseln wollen, achten Sie bewusst auf die Vokabeln der Körpersprache:

- ➔ Blick
- ➔ Mimik
- ➔ Gestik
- ➔ Körperhaltung
- ➔ Stimmführung

Reden, zuhören und gleichzeitig hinschauen

Diese fünf Vokabeln zeigen Ihnen in Kombination (niemals für sich allein genommen!), was der andere gerade wirklich denkt und fühlt. Diese Komponenten der Körpersprache sagen mehr als tausend Worte. Wenn Sie beim nächsten Gespräch auf diese fünf Aspekte achten, werden Sie wahrscheinlich bemerken, dass Sie dadurch leicht abgelenkt werden – sofern Sie nicht schon eine Championesse der Körpersprache sind. Es ist anfänglich ungewohnt, zu reden, zuzuhören und gleichzeitig noch scharf hinzuschauen. Doch das ist eben nur am Anfang so: Schon nach wenigen Versuchen werden Sie spüren, wie es immer leichter geht. Vor allem werden Sie schon nach dem ersten Versuch entzückt feststellen, wie es eine Seminarteilnehmerin formulierte: „Ich verstehe meinen Chef jetzt einfach besser. All die Signale, die ich jahrelang übersehen habe! Wir kommen jetzt besser klar miteinander!“ Dieser Anfangserfolg stellt sich schon recht schnell ein – danach trainieren Sie Ihren scharfen Blick mit Genuss, Gewinn und Freude.

Almut ist eine Meisterin des scharfen Blicks. Oft genug erkennt sie schon von weitem, was mit dem anderen los ist, und meint dann: „Sagen Sie nichts, ich sehe es Ihnen schon an – Ärger im Projekt?“ Sie ist eine der besten Führungskräfte in ihrem Unternehmen – kein Wunder, da sie in Menschen wie in einem offenen

Buch lesen kann und Probleme erkennt, die sie noch nicht einmal sich selbst eingestehen. Der Körper lügt nicht. Und ein Gesicht spricht Bände.

Die Signale des anderen sind offensichtlich – wir brauchen nur darauf zu achten

Mit etwas Übung wird das zur Gewohnheit: Sie hören jemandem zu, sprechen mit ihm – und achten gleichzeitig auf seine Körpersignale. „Das ist wie Film mit Untertiteln“, meinte eine Coachee jüngst. „Mit der Zeit merkt man gar nicht mehr bewusst, dass man Untertitel liest – es geschieht automatisch.“ Sobald dies der Fall ist, gewinnen Sie etwas, das die Welt um Sie herum als Einfühlungsvermögen, Empathie oder Menschenkenntnis bezeichnet. Wenn Sie wirklich gut sind, wird man manchmal auch mutmaßen, dass Sie eine Telepathin sind. Tatsächlich ist das gar nicht so weit hergeholt. Wer die Körpersprache eines anderen lesen kann, liest damit indirekt seine Gedanken, weil der Körper die Gedanken eines Menschen widerspiegelt. Deshalb ist Körpersprache so aussagekräftig.

! Wenn Sie wissen wollen, was ein Mensch sagt, hören Sie ihm zu. Wenn Sie wissen wollen, wie er denkt und fühlt, schauen Sie ihm zu.

Was sagt er und was sagt sein Körper?

Machen Sie es sich zur Angewohnheit, stets hinzuhören und gleichzeitig hinzuschauen. Hören Sie, was einer sagt, vergleichen Sie es mit seinen Körpersignalen, und ziehen Sie Ihre Schlüsse.

> Wenn sich Sprache und Körpersprache entsprechen, sagt einer, was er denkt und fühlt. Interessant wird es, wenn beide Sprachen sich widersprechen.

!

Wer sich in Körpersprache nicht auskennt, übersieht diese verräterischen Signale in der Regel – und fällt auf das herein, was ein Mensch sagt. „Das geht in Ordnung“, sagt Karl und Julia geht davon aus, dass das in Ordnung geht. „Das mache ich gleich nachher“, sagt Carmens Mitarbeiter und Carmen glaubt ihm. Das sollten beide nicht tun. Denn in beiden Fällen widerspricht die Körpersprache dem gesprochenen Wort. Wenn Sie die „Untertitel“ lesen können, werden Sie folgende Überlegungen anstellen:

Äußerung	Körpersignale	Schlussfolgerung
„Das geht in Ordnung.“	abgewandter Blick, kein Blickkontakt, monotone Stimme	Er steht nicht dahinter; es geht eben nicht in Ordnung.
„Finde ich ganz okay.“	verschränkte Arme, verkniffener Mund	Er sagt das zwar, hat aber Bedenken.
„Jaja, ist schon klar.“	leerer Blick, ausdruckslose Miene	Er will Sie abwimmeln.
„Das mache ich gleich nachher.“	schiebt dabei Unterlagen auf seinem Schreibtisch herum und weicht Ihrem Blick aus	Mit seiner Entschlossenheit ist es in Wirklichkeit nicht zum Besten bestellt.
„Was fällt Ihnen ein!“	knetet die Finger, starrer Blick	Ein Papiertiger. So selbstsicher, wie er tut, ist er nicht.

Körpersignale nicht überinterpretieren!

Eine Schwalbe macht noch keinen Sommer. Hüten Sie sich davor, ein einziges Körpersignal überzubewerten, wie Sie es oft in Wald-und-Wiesen-Ratgebern und -Seminaren zur Körpersprache lesen und hören können: „Verschränkte Arme bedeuten, er ist gegen Sie.“ Falsch, er kann genauso gut einfach nur verunsichert sein. „Kein Blickkontakt – er lügt Sie an.“ Falsch, es könnte genauso gut sein, dass er nur scharf nachdenkt; dabei schauen viele Menschen eben sinnierend ins Leere.

> Aus einem einzigen Körpersignal sollten Sie niemals voreilige Schlüsse ziehen. Körpersignale sind nur aussagekräftig, wenn Sie beobachten, in welcher Kombination sie auftreten.

Wenn einer einen Fussel vom Ärmel zupft, heißt das nicht automatisch, dass er nervös ist. Das kann alles Mögliche heißen. Wenn danach jedoch sein Blick im Zimmer umherwandert und er unruhig auf dem Stuhl herumrutscht, ist er ohne Zweifel nervös.

Körpersprache im Walzertakt

Körpersprache-Kompetenz läuft im Walzertakt ab:

1) Sie achten bewusst auf die Signale des anderen („Untertitel“ lesen).
2) Sie leiten ihre Bedeutung ab.
3) Sie prüfen nach, ob Ihre Interpretation stimmt.

Das Nachprüfen können Sie entweder direkt (mit Nachfragen) oder indirekt machen. Dazu ein Beispiel:

Manuela: „Wir sollten nochmals über das ABC-Budget gehen.“ Frank: „Ja, klar, sollten wir.“ Er redet über die Schulter zu Manuela und blättert dabei in seinem Terminplaner. Auf diese beiden Signale hin vermutet sie, dass er es nicht so ernst meint mit seiner Zusage und dass sie wieder tagelang auf einen Termin mit ihm warten muss. Doch sie möchte ihm das nicht explizit vorwerfen. Deshalb fragt sie lieber höflich:
„Hast du auch wirklich Zeit dafür?“
„Ja, klar doch.“ Er schaut sie dabei nicht an und dreht sich auch nicht stärker zu ihr. Mit ihrem indirekten Nachbohren kommt sie nicht weiter, also fragt Manuela direkt nach:
„Komm, sag doch, irgendetwas stört dich daran.“
„Naja, stimmt schon ... “ Immerhin schaut er sie jetzt von der Seite aus den Augenwinkeln an und lächelt verlegen.
„Das geht mir wirklich gegen den Strich.“ Er schaut sie jetzt voll an, dreht die Augen zur Decke und verzieht den Mund.
„Na los, sag schon!“
„Ich kann diesen Kunden einfach nicht ausstehen. Wenn ich daran denke, dass ich ihm die Budgetänderung danach verklickern muss ...“

Indem Manuela im Walzertakt auf die Signale achtete, sie deutete und sich ihre Deutung bestätigen ließ, hat sie es so weit gebracht, dass sie nicht wie üblich tagelang darauf warten muss, dass Frank mit ihr das Budget durchgeht. Stattdessen vereinbaren beide, dass Manuela allein das geänderte Budget dem Kunden „verklickert“. Nach dieser Absprache will Frank die Kalkulation sofort durchführen, damit er's hinter sich hat. So schnell hat er das noch nie gemacht ...

Manuela wird es in ihrer Firma (oder anderswo) noch weit bringen. Denn sie liest in Menschen wie in einem offenen Buch. Wenn man die Sprache versteht, in der das Buch geschrieben ist, ist das kein Problem. Besonders nützlich ist diese Sprachkenntnis, wenn es darum geht, zu erkennen, ob Sie angelogen werden.

Männerlügen haben kurze Beine

Frauen sind zu gutgläubig.

Männer lügen häufiger als Frauen. Alle Jahre belegt eine wissenschaftliche Studie, was wir aus eigener Anschauung bestätigen können. Gravierender jedoch ist: Frauen fallen häufiger auf Lügen herein als Männer. Sie sind gutgläubiger.

> Der Kollege sagt zu Claudia: „Das Projekt ist im Grunde problemlos. Du kannst es ruhig übernehmen." Schon bei der ersten Teamsitzung entpuppt sich das Projekt jedoch als verspätet und zerstritten. Der Kollege hat offensichtlich gelogen. Warum? Um das unbequeme Projekt bei einer leichtgläubigen Kollegin zu entsorgen. Kein Wunder: Zuvor hatten schon drei Kollegen sein Ansinnen durchschaut und abgelehnt – doch Claudia fiel auf ihn herein.

Es liegt auf der Hand, dass Claudia es in dieser Firma nicht besonders weit bringen wird. Dass sie immer wieder ausgenutzt wird und nicht sonderlich viel Spaß bei der Arbeit hat. Denn irgendwann merkt selbst die Gutgläubigste, dass sie von den anderen ständig ausgenutzt wird. Claudia ist eine jener Frauen, auf die Statistiker gerne verweisen, wenn es um die Benachteiligung der Frau am Arbeitsplatz geht. Dass es einfach an Claudias mangelnder Körpersprache-Kompetenz liegt, verschweigen diese Statistiken. Dabei ist der Mangel so einfach zu beheben.

Wenn ich mit Frauen über dieses Problem spreche, bin ich oft erstaunt, dass alle das Problem kennen und die meisten tatsächlich sagen: „Dabei hätte ich ihm das schon an der Nasenspitze ansehen können, dass er flunkert!" Aha. Die Körpersignale sind also da – frau sieht sie bloß nicht oder ignoriert sie. Da kann ich nur appellieren: Frauen, sehet die Signale! Zu kleinen Kindern sagt man: „Schau mir in die Augen!", um herauszufinden, ob sie gerade schwindeln. Die verräterischen Zeichen bei Flunkerversuchen sind immer dieselben. Achten Sie darauf:

„Flunkersignale“

- ausweichender oder „flatternder“ Blick
- falsches Lächeln: Die Zähne sind zwar gefletscht, doch die Augen lächeln nicht mit.
- nur halb zugewandter Körper (die Körpersprache ist nicht offen, also ist es die Absicht auch nicht)
- verschränkte Hände, Finger oder Arme
- Stimmführung betont beschwichtigend, honigsüß – was Sie doppelt misstrauisch machen muss: Wenn die Sache koscher ist, warum muss er Sie dann beschwichtigen?

Wenn Sie auch nur eines dieser Signale wahrnehmen, sollten Sie sofort auf die Bremse treten und im Walzertakt (s.o.) wahrnehmen, deuten und nachfragen.

Wenn ein Mann lächelt, sollten Sie sich nicht unbewusst einwickeln lassen, sondern bewusst Ihre Körpersprach-Kompetenz einschalten: Männer lächeln im Alltag signifikant weniger häufig als Frauen. Wenn ein Mann lächelt, können Sie rein statistisch davon ausgehen, dass er etwas im Schilde führt. Zerstreut sich dieser Anfangsverdacht, haben Sie nichts verloren und niemandem weh getan. Zerstreut er sich nicht, haben Sie verhindert, dass er Sie über den Tisch zieht.

Der Körper lügt nicht.

Wenn Sie unsicher sind, ob jemand Sie anlügt, fragen Sie am besten nach, ob es tatsächlich so ist, wie er oder sie es eben dargestellt hat: Es gibt kaum einen Lügner, dessen Schwindelei nicht über seine Körpersprache auffliegen würde, wenn nachgefragt wird. Der Körper lügt nicht. Je intensiver Sie nachfragen, desto intensiver werden auch die verräterischen Körpersignale, welche die Lüge entlarven. Manchmal steigern sich diese Signale derart in Häufigkeit und Intensität, dass der Schwindler irgendwann vor lauter Signalen zu explodieren scheint: Er knetet wie verrückt die Hände, rutscht unruhig hin und her, sein Blick flattert wie ein aufgescheuchter Vogel, seine Stimme klingt immer gehetzter...

Ein guter körpersprachlicher Lügendetektor ist auch der Vergleich mit der üblichen Körpersprache: Jemand sagt etwas zu Ihnen, dessen Wahrheitsgehalt Sie anzweifeln, weil Sie ein verräterisches Signal beobachten. Also fragen Sie nach – und vergleichen einfach die eintreffenden Signale mit der Körpersprache, die der andere üblicherweise in vergleichbaren Situationen an den Tag legt: Verhält er sich wesentlich anders? Dann sollten Sie der Sache unbedingt auf den Grund gehen. Denn da stinkt etwas gewaltig …

Wie Männer Frauen an die Wand drücken

Frauen lassen sich beruflich, privat und gesellschaftlich öfter von Männern zurückdrängen als umgekehrt. Das liegt nicht an den besseren Argumenten oder Fähigkeiten der Männer – die haben sie im Regelfall nicht (mehr). Es liegt an der Körpersprache. Wie wir schon des öfteren gesehen haben, ist die Körpersprache von Männern unbewusst dominant. Sie machen sich breit wie Django, werden laut und rücken auf die Pelle. Frauen sehen das und lassen sich unbewusst davon beeindrucken.
Das ist lästig und interessant zugleich. Denn das Beeindrucken geschieht nicht einfach so aus heiterem Himmel heraus, sondern anhand einer typischen Strategie:

> Körpersprache allein kann nicht dominant wirken. Sie wirkt erst durch Ihre Interpretation dominant. In dem Moment, in dem Sie „Was der alles weiß!" denken, werden Sie erst beeindruckt. Was Sie denken, bestimmen jedoch immer noch Sie.

Wenn Männer den Django machen, denken Frauen meist unbewusst: „Der weiß es besser." „Er hat wohl mehr Erfahrung als ich." „Was für ein unsympathischer Typ." „Da habe ich mich

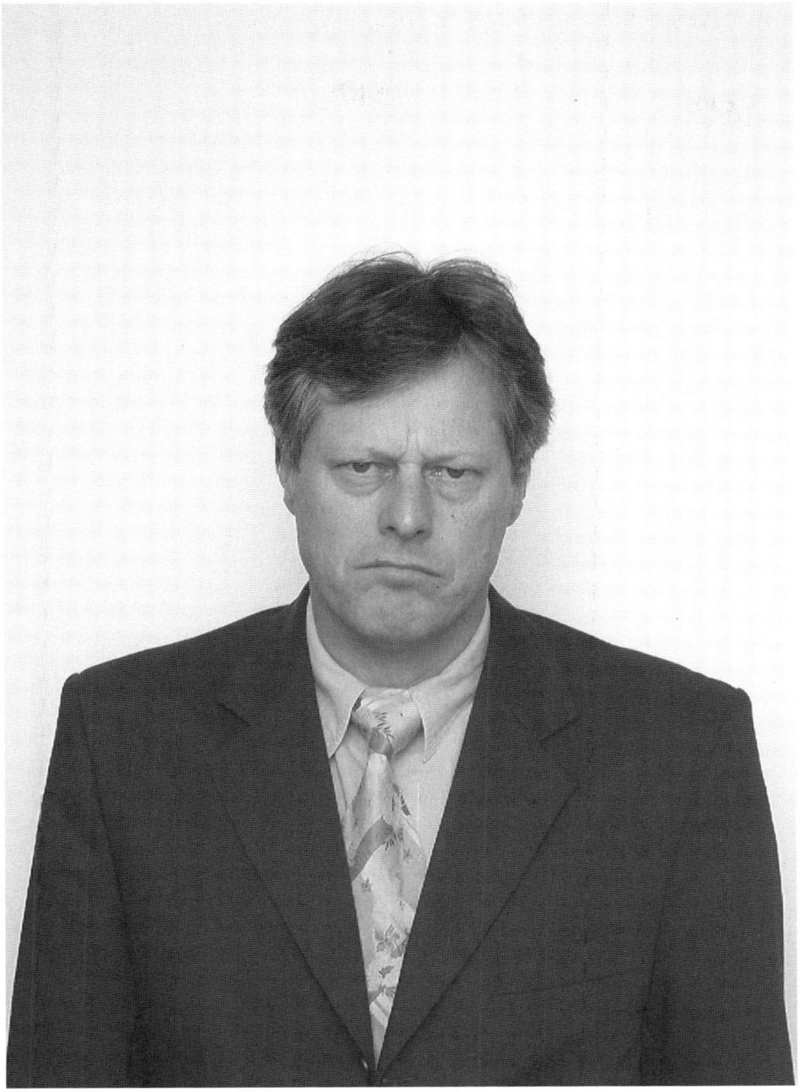

Abb. 16: Was denken Sie jetzt? „Ich habe etwas Dummes gesagt!" (Falsch) „Wie er sich wieder aufbläst!" (Richtig)

wohl geirrt." „Das ist mir jetzt einfach unangenehm." „Ich weiß nicht, liege ich so falsch?" „Habe ich etwas Falsches gesagt?" „Ich bin mir jetzt nicht mehr so ganz sicher."

!

Frauen lassen sich im Business und anderswo unbewusst gegen die Wand drücken, weil sie die Körpersprache der Männer, die Django-Attitüde, falsch interpretieren. Sie interpretieren sie so, dass sie beeindruckt, eingeschüchtert, verunsichert, verärgert, angewidert, frustriert oder unangenehm berührt reagieren – und deshalb den Rückzug antreten.

Auf diese Erkenntnis hin legte eine Coaching-Klientin neulich den Finger ans Kinn und dachte laut nach: „Das erinnert mich an ein Kinderspiel, das ich schon als Kind nicht mochte. Ein Junge springt hinter der Hausecke vor und macht ‚Buh!‘ und wir Mädels rennen kreischend davon.“ Das ist ein etwas krasser Vergleich, doch im Prinzip zutreffend.

!

„Jemand kann Sie nur dann beleidigen, wenn Sie sich beleidigen lassen.“ Eleonore Roosevelt

Es ist nicht so, dass Männer Frauen mit voller Absicht an die Wand drücken – das passiert zwar auch, doch weitaus seltener als weithin vermutet. Viel häufiger treten Frauen aufgrund einer fehlerhaften Interpretation der männlichen Körpersprache verfrüht und fälschlicherweise den Rückzug an. Sie fallen aufs „Buh!“ herein.

Fallen Sie nicht länger auf Macho-Tricks herein

Dass Frauen so oft den Rückzug antreten, obwohl sie es eigentlich nicht möchten und auch nicht müssten, liegt an zwei kleinen Fehlern:

- Sie nehmen die Dominanzsignale der Männer unbewusst wahr.
- Sie ziehen die falschen Schlussfolgerungen daraus.

Die Lösung liegt wieder im Walzertakt:

1) Nehmen Sie Signale anderer ganz bewusst wahr.
2) Machen Sie sich Ihre bislang unbewusste Fehldeutung bewusst.
3) Treffen Sie die richtige Schlussfolgerung.

Die beiden letzten Schritte sind die wichtigsten. Wenn ich mit erfolgreichen Frauen spreche, stelle ich oft fest, dass diese beiden Schritte so gut trainiert sind, dass es den Frauen gar nicht mehr bewusst ist, dass sie sie tun. Entscheidend ist die Umkehrung der Fehlinterpretation:

Fehldeutung, die zum Rückzug führt	Richtige Interpretation, mit der Sie standhaft bleiben
„Er hat mehr Erfahrung als ich."	„Er bläst sich bloß auf."
„Das ist mir jetzt unangenehm."	„Ihm sollte es unangenehm sein – sich so aufzuführen!"
„Was für ein unsympathischer Typ."	„Sein Macho-Gehabe zieht bei mir nicht."
„Ich bin mir jetzt nicht mehr so ganz sicher."	„Er will mich verunsichern. Das lasse ich aber nicht zu. Ich bin mir meiner Sache sicher – sonst hätte ich doch nichts gesagt!"
„Habe ich etwas Falsches gesagt?"	„Wenn es falsch ist, warum sagt er es nicht offen? Und wenn es richtig ist, warum führt er sich so auf?"
„Der weiß ja ganz schön Bescheid!"	„Er blufft. Was er drauf hat, muss er mir erst noch zeigen."

„Ich habe wohl Mist gebaut."	„Er macht aus einer Mücke einen Elefanten."
„Er ist unzufrieden mit mir."	„Er weiß, dass ich im Grunde mehr drauf habe als er."
„Er hat Recht."	„Nun mach dich mal nicht so breit, mein Lieber."
„Er ist eben der Boss."	„Wenn er den Chef rauskehren muss, soll er doch. Mich beeindruckt das nicht. Es kommt schließlich auf die Sache an!"

Wenn Sie die richtige Interpretation wählen, lassen Sie sich nicht länger an die Wand drücken und bekommen, was Sie wollen und Ihnen zusteht.

Frauen berichten nach Körpersprache-Seminaren immer wieder begeistert, wie gut die Umdeutung von Macho-Gehabe funktioniert:

Es funktioniert!

- „Sobald ich die Dominanzgebärden bewusst erkenne, wirken sie nicht mehr auf mich!"
- „Es ist so einfach, die Kerls zu durchschauen – wenn man es mal drauf hat."
- „Es sind immer dieselben müden alten Tricks, mit denen sie uns unterbuttern wollen."
- „Wo ich früher zögerte oder zurücksteckte, hole ich mir jetzt, was ich möchte, weil ich mich nicht mehr zurückdrängen lasse!"
- „Ich lasse mich vom nassforschen Auftreten einiger Männer nicht länger mehr einschüchtern. Ich durchschaue das jetzt."

- „Dass ich die üblichen Männertricks durchschaue, gibt mir viel innere Stärke und ein entschiedeneres Auftreten nach außen."
- „Früher fühlte ich mich in bestimmten Situationen einfach schwach. Heute fühle ich mich in denselben Situationen stark und selbstsicher."

Es ist nicht nur so, dass Macho-Tricks nicht mehr ziehen, wenn Sie die richtige Interpretation wählen – sie verkehren sich sogar ins Gegenteil! Nichts wirkt lächerlicher als ein entlarvter Papiertiger. Es gibt eine Menge Kraft, wenn Sie erkennen: Es war alles nur Fassade, es steckt buchstäblich nichts dahinter. Schlimmer noch: Die Fassade sollte die Unsicherheit des Mannes kaschieren und konnte es nicht. Oder wie es eine Teilnehmerin formulierte: „Männer sind nicht so toll, wie sie oft tun. Sie sind einfach nur unsicher und wollen es überspielen. Im Grunde habe ich Mitleid mit den Machos." Die emotionale Befreiung dahinter können wir spüren. Das Durchschauen der Macho-Tricks befreit, beflügelt, macht stark.

Haben Sie das erkannt, können Sie nun Ihre eigene Körpersprache sprechen lassen, mit einem scharfen Blick einschüchtern, auf die Pelle rücken, mit einer wegwerfenden Handbewegung die Scheinargumente des Machos vom Tisch wischen.

So reagieren Sie richtig auf Macho-Gehabe.

Silke ist eine Championesse der Körpersprache. Wann immer ein Kollege, Chef oder Kunde seine Macho-Tricks auspackt, um sie einzuschüchtern, durchschaut sie das Manöver, wählt die richtige Interpretation und legt dann körpersprachlich so richtig los: Sie lehnt sich betont entspannt zurück, sagt gar nichts und hält freundlich lächelnd Blickkontakt. „Das entnervt jeden Macho." Denn erstens bekommt er einen Schock, weil sein Manöver, mit dem er bislang noch jede Frau zum Rückzug getrieben hat, nun plötzlich nicht mehr wirkt. Und zweitens reagiert er verunsichert, weil er nun seinerseits auf Silkes Bluff hereinfällt: „Die muss ja unheimlich was in der Hinterhand haben, wenn sie so cool reagiert!"

Typische Macho-Tricks kontern

So versuchen Männer, Eindruck zu schinden.

Männer starren einen oft und gerne während des Gesprächs oder auch einfach wortlos an. Viele Frauen finden das äußerst irritierend, unhöflich und verunsichernd – denn unter Frauen würde man nicht so rüde starren. Da gilt es als unhöflich bis aggressiv. Frauen reagieren irritiert auf dieses Angestarrtwerden, sofern sie nicht wissen, dass es unter Männern als Zeichen hervorragender Charakterfestigkeit gilt, so knallhart aus der Wäsche zu gucken wie weiland John Wayne. Frauen denken dabei oft: „Was hat er gegen mich? Habe ich etwas Dummes gesagt? Was stört ihn am mir?“ Dabei versucht er lediglich, seriös, erfahren und kompetent auszusehen. Das ist eben die Art der Männer, Eindruck zu schinden. Dass es nicht in ihrem Sinne funktioniert, ist noch nicht ganz bis zum letzten Mann durchgedrungen. Wenn Sie das Spiel kennen, können Sie es auf jedwede Art spielen: Machen Sie große Augen und zeigen Sie sich beeindruckt. Oder lächeln Sie und zeigen Sie sich damit beeindruckt. Oder starren Sie einfach zurück und beobachten Sie, wie der Cowboy zu schlucken beginnt, weil er alles erwartet hat – nur das nicht. Wenn Sie seine Verunsicherung bemerken (manchmal ist es schön, wenn der Spieß umgedreht wird), können Sie ganz langsam und genussvoll zu lächeln beginnen. Dieses Siegerlächeln zeigt ihm, dass Sie genau wissen, wer das Duell der Blicke eben gewonnen hat.

> Wenn Männer Sie unverwandt fixieren, denken Sie sich nichts dabei und schauen Sie einfach (freundlich oder nicht) zurück.

Männer fallen Frauen öfter ins Wort als umgekehrt. Die meisten Frauen bemerken das auch und finden es unmöglich – aber sie tun nichts dagegen (Rückzug!) oder „zicken“: „Nun lassen Sie mich doch endlich mal ausreden!“ Und das im quengelnd-weinerlichen Tonfall einer Sechsjährigen. Danach lässt der Mann sie vielleicht ausreden, doch sie ist damit unten durch und hat ihren

Ruf als Zicke oder Weichei weg. Das beste Rezept gegen das Unterbrochenwerden ist immer noch, sich einfach nicht beirren zu lassen und nun seinerseits den Mann zu unterbrechen und den eigenen Gedankengang fortzusetzen, als sei nichts passiert. Unterbrechen Sie den Mann einfach immer dann, wenn er Sie unterbricht. Auch bei diesem letzten Spiel gilt: Wer zuletzt unterbricht, hat gewonnen. Das müssen Sie nur ein-, zweimal in aller Konsequenz durchziehen, dann hat es der Mann auch gelernt. Er hat dazu lediglich den richtigen Lernimpuls benötigt.

Wer zuletzt unterbricht, hat gewonnen.

Männer rücken auf die Pelle. „Von Distanzzonen haben die noch nie was gehört", beklagte sich eine Junior-Produktmanagerin im Traineeprogramm über Vorgesetzte, Kollegen und Kunden. Die private Distanzzone beginnt eine Armlänge vom Körper entfernt. Manche Männer halten sich nicht daran und kommen einem im Gespräch buchstäblich zu nahe. Manche Frauen hätten auch gerne etwas mehr Abstand als die Armlänge. Wenn ihnen ein Kerl zu dicht auf den Leib rückt, weichen viele Frauen automatisch, spontan und meist unbewusst einen Schritt zurück. Wenn das funktioniert, ist das okay – obwohl es kein Körpersignal ist, das von überragendem Selbstbewusstsein spricht. Leider funktioniert es nicht oft: Der Mann rückt nach. Was tun? Wie immer gibt es mehrere Möglichkeiten. Sie können nonverbal vorgehen und ihn einfach mit festem Blick missbilligend fixieren. Sie können einen Gegenstand zwischen sich und ihn bringen, der den Abstand vergrößert; einen Abstandhalter sozusagen. Sie können den Steh- oder Sitzplatz so wechseln, dass buchstäblich etwas (Tisch, Stuhl ...) zwischen Sie beide kommt. Erkennt er diese nonverbalen Winke, wahrt er den Abstand. Tut er das nicht, ist die verbale Ansprache zu empfehlen: „Ich würde mich noch lieber mit Ihnen unterhalten, wenn Sie etwas mehr Abstand halten könnten." Zugegeben, das trübt momentan etwas die Beziehung. Doch es geht nicht an, dass bei einer Unterhaltung Sie die Leidende sind. Von einem zivilisierten Menschen dürfen Sie Respekt und Höflichkeit erwarten.

Männer haben ein ganzes Repertoire düsterer Blick drauf. Darunter ist ein Blick, der in vielen Varianten – mal von oben herab schweifend, mal väterlich missbilligend – nur eines ausdrücken

Ich bin wichtig!

soll: „Ich bin wichtig!“ In der Zwischenzeit wissen Sie, dass das nur dann funktioniert, wenn Sie es zulassen und entsprechend interpretieren. Das Ganze lässt Sie unbeeindruckt und läuft ins Leere, wenn Sie sich einfach denken: „Mach dich doch nicht so wichtig!“ Oder: „Wer wirklich wichtig ist, muss das nicht durch Stirnrunzeln zeigen.“

Etliche Frauen finden besonders eine Dominanzgeste von Männern irritierend und chauvinistisch: mit dem Finger auf andere Menschen zeigen. Frauen machen das zwar auch – aber nur alle Jubeljahre einmal. Manche Männer tun das ständig, um sich wichtig zu machen. Wir wissen: Diese Geste wirkt nur dann, wenn Sie sich davon beeindrucken lassen. Und jede Beeindruckung verflüchtigt sich, wenn Sie sich an den Satz erinnern, den viele Mütter ihren Kindern sagen, wenn sie die Unart des Fingerzeigens beginnen: „Ein Finger zeigt auf mich – aber drei auf dich, mein Lieber!“ Manchmal nützt es auch, sich den Satz der englischen Schriftstellerin Mary Ann Evans ins Gedächtnis zu rufen, die sagte: „Es gibt niemanden, der sich einer Frau gegenüber arroganter, aggressiver oder verächtlicher verhält als ein Mann, der um seine Männlichkeit bangt.“ Im Lichte dieser Erkenntnis erscheinen männliche Dominanzgesten schon viel weniger bedrohlich, wenn nicht sogar vielsagend und etwas peinlich.

Achten Sie auf die Hände!

Wenn Sie einen Mann auf einen Blick durchschauen wollen, achten Sie nicht auf seine Dominanzgebärde, sondern auf seine Hände: Die Hände verraten ihn meist. Wer finster dreinblickt und Sie mit Blicken fast verschlingen möchte, wer locker an der Rezeption lümmelt und Sie mit Blicken auszieht, wer Ihnen gerade ins Wort fällt und dabei seine Hände bis zum Ellbogen in der Hosen- oder Jacketttasche vergraben, seine Fäuste geballt oder seine Finger verschlungen hat, ist nicht wirklich so souverän, wie er tut. Er ist eher verunsichert. Seine Hände verraten das. Denn die Hände lassen sich nur schwer und nur für kurze Zeit zu etwas zwingen, was man nicht wirklich denkt oder fühlt. Irgendwann beginnen sie zu flattern oder zu verkrampfen oder sich zu verstecken – und dann entlarvt sich das Dominanzgebaren als Sturm im Wasserglas. Achten Sie auf die Hände.

Frauen und Kunden

Frauen fürchten sich häufig vor männlichen Verbalaggressionen am Arbeitsplatz. Solche Verbalübergriffe kommen zwar hin und wieder vor, doch darüber wird oft eine viele häufiger auftretende Gefahr übersehen: Der Mann hält mit seiner Meinung hinterm Berg, „weil man einer Frau eben nicht wie einem Mann ins Gesicht sagt, dass sie Unsinn erzählt", wie unlängst ein Großkunde im Hinblick auf seine Kundenbetreuerin zugab. Der Großkunde meinte zwar, höflich zu sein und die Außendienst-Mitarbeiterin zu schonen. Tatsächlich ließ er sie jedoch mit diesem gut gemeinten Verhalten ins Messer laufen. Denn sie fiel aus allen Wolken, als er ihren Projektvorschlag am Ende des Gesprächs rundheraus ablehnte. Was war passiert?

Während des Gesprächs hatte sich der Kunde innerlich zurückgezogen. Das zeigten viele seiner Körpersignale: Er „machte zu", lehnte sich zurück (weg von der Gesprächspartnerin), verschränkte die Arme vor der Brust und runzelte die Stirn. Der Kundenbetreuerin fiel das nicht weiter auf. Will heißen: Sie nahm die Signale zwar unterbewusst wahr, interpretierte aber quasi im Vorüberflug: „Er hört aufmerksam zu und denkt angestrengt mit." Hinterher erschrak sie über diese Fehleinschätzung. Doch wenn man im Gespräch die Körpersignale seines Gegenübers nur unterbewusst wahrnimmt, treten solche Fehlinterpretationen geradezu zwangsläufig auf. Die Frau war derart konzentriert auf das, was sie zu sagen hatte, dass sie die Signale ihres Gegenübers nur oberflächlich und daher falsch deutete. Das war der eigentliche Fehler.

!

Das ideale Gespräch ist kein Monolog. Es ist noch nicht einmal ein Dialog. Es ist eher ein Abstimmungsprozess: argumentieren – die Wirkung auf den anderen beobachten – gegebenenfalls per Nachfragen die Wirkung bestätigen lassen – die Argumentation entsprechend modifizieren – beobachten ... und so weiter.

Wenn Sie erfolgreichen Business-Frauen zuschauen, werden Sie feststellen, dass diese überraschend wenig reden, wenn sie etwas erreichen wollen. Normalerweise ist es umgekehrt: Je mehr und heftiger jemand etwas erreichen möchte, desto größer ist die Wortlawine, die er lostritt. Warum reden erfolgreiche Business-Frauen weniger und erreichen damit mehr? Weil sie ganz viel beobachten. Es braucht oft nur einen Satz, um eine Wirkung beim Gegenüber festzustellen. Danach redet frau noch einen Satz, um die Wirkung in die richtige Richtung zu lenken – und so weiter. Schon nach wenigen Sätzen ist das Gegenüber da, wo frau es haben möchte.

!

Eine ausschweifende Argumentation ist oft ein Zeichen mangelnder Kenntnis der Körpersprache. Wer den anderen richtig lesen kann, braucht weniger Worte, um ans Ziel zu gelangen.

Das gilt übrigens auch fürs Telefon.

Körpersprache am Telefon

Natürlich gelten alle Prinzipien der Körpersprache, die Sie auf diesen Seiten kennen gelernt haben, auch für Gespräche am Telefon. Selbstverständlich können Sie beim Telefonieren die körpersprachlichen Vokabeln Blick, Mimik, Gestik und Körperhaltung nicht beobachten, doch die fünfte und letzte Vokabel – die Stimmführung – reicht völlig aus, um den anderen zu durchschauen und ihn in Ihre Richtung zu lenken.
Elvira ist Innendienst-Mitarbeiterin und ein Ass am Telefon. Wo die Kollegen munter drauflosquasseln, um den Interessenten Termine für einen Außendienstbesuch zu „verkaufen", achtet Elvira auf jedes Räuspern, jeden hörbaren Atemzug, jedes Zögern, Schwanken der Stimmführung oder jedes so genannte paraver-

bale Signal wie „Hm, äh, oh, tja". Sie sagt: „Ich achte oft viel weniger darauf, was die Leute mir erzählen. Viel wichtiger ist mir, was sie mir nicht erzählen, was sie mir nonverbal zwischen den Zeilen sagen. Damit erkenne ich nämlich, was sie wirklich denken und fühlen." Im Innendienst ist Elviras Leistung aktenkundig: Sie hat die größte Hit-Rate, also die meisten Terminvereinbarungen pro hundert Anrufe und dabei die kürzeste Hit-Time (Telefonminuten bis zur erfolgreichen Vereinbarung). Deshalb ist sie als neue Schulungsleiterin für den kompletten Innendienst im Gespräch.

Gerade am Telefon, wo Sie der Gesprächspartner nicht sieht, zahlt sich Körpersprachkompetenz oft noch stärker aus als im direkten Gespräch. Denn am Telefon können Sie den anderen nicht mit Ihrem Äußeren beeindrucken! Sie können ihn nur damit beeindrucken, dass Sie sich optimal auf ihn einstellen – und das können Sie nur, wenn Sie seine körpersprachlichen Signale der Stimmführung deuten können.

Übung macht die Meisterin

Wenn Sie sich in einem Gespräch befinden und einfach nicht von der Stelle kommen, wenn Sie das Gefühl haben, dass Sie ein Mann glatt an die Wand gedrückt hat, wenn Sie einem Macho auf den Leim gegangen sind, ist es natürlich zu spät, damit zu beginnen, die Körpersprache des anderen zu enträtseln. So etwas passiert Ihnen nicht länger, sobald Sie Signale deuten können. Das werden Sie, wenn Sie einfach bei jeder sich bietenden Gelegenheiten ein wenig üben.

Üben ist normalerweise etwas langweilig. Beim Enträtseln von Körpersignalen ist es dagegen ein ausgesprochener Spaß. Es vertreibt Langeweile und ist sehr vergnüglich, wenn Sie einfach so zwischendurch mal üben. Zum Beispiel auf dem Parkplatz, im

Beobachten Sie die Menschen!

Aufzug, an der Supermarktkasse, auf den Büroﬂuren, im Sitzungszimmer, an der Bushaltestelle ... Beobachten Sie einfach die Menschen: Was sagt mir seine Körpersprache? Wie fühlt er sich? Was denkt er? Sie werden spüren, welch unvergleichliches Vergnügen es bereitet, andere Menschen plötzlich sehr gut zu verstehen, sie zu durchschauen, ihre wahren Absichten und Gefühle zu entdecken. Es wird Sie den Menschen sehr nahe bringen. Und auch die Menschen reagieren ihrerseits viel positiver auf Sie, weil sie natürlich spüren, dass hier eine ist, die sie so viel besser versteht als die anderen Menschen.

!

Verständnis ist der Schlüssel zu Erfolg und Beliebtheit. Je besser Sie Körpersignale lesen können, desto besser verstehen Sie die Menschen.

7 Selbstsicher und zielbewusst: Ihr Auftritt, bitte!

Erfolg steht Frauen gut

Im Beruf erfolgreiche Frauen haben eine ganz eigene Körpersprache. Man sieht ihnen den Erfolg buchstäblich an; ist Ihnen das auch schon aufgefallen? Wenn ich wartend in einem Vorzimmer sitze, vertreibe ich mir die Zeit manchmal mit einem Ratespiel: Wenn eine Frau zur Tür hereinkommt, rate ich, welche Position sie innehat oder anstrebt. Ich liege selten daneben: Man sieht es einer erfolgreichen Frau meist auf den ersten Blick an, was sie drauf hat oder wohin sie möchte.
Wenn man eine erfolgreiche Frau sieht, gibt es einem innerlich einen Ruck, einen positiven Impuls. Man möchte sich eine Scheibe des Erfolgs abschneiden. Genau das tun wir in diesem Kapitel.

Lernen Sie an Vorbildern

Wann immer Sie eine in Ihren Augen erfolgreiche Frau sehen – egal ob live oder in den Medien –, beobachten Sie sie. Das tun zwar alle Menschen, doch die meisten wissen nicht, worauf sie achten müssen. Inzwischen wissen Sie es. Sie kennen das körpersprachliche Vokabular. Sie wissen, worauf zu achten ist:

Worauf Sie achten sollten

- ➔ Wie treten diese erfolgreichen Frauen auf?
- ➔ Was machen sie anders? Anders als Sie?
- ➔ Wie sieht ihre Gestik, Mimik, Körperhaltung aus?
- ➔ Wie gehen, stehen sie?
- ➔ Wie kleiden sie sich?
- ➔ Wie führen sie ihre Stimme?
- ➔ Welche beobachtbare Wirkung auf andere erzielen sie damit?
- ➔ Welche Suggestivsignale können Sie übernehmen? Was würde auch zu Ihnen passen?

Legen Sie dabei den Vorbildbegriff intelligent aus: Kein Mensch ist in allem und in jeder Hinsicht ein Vorbild. Auch sehr erfolgreichen Frauen unterlaufen regelmäßig körpersprachliche Fauxpas. Das tröstet. Das schmälert nicht ihre Vorbildfunktion.

Wenn Sie ein Suggestivsignal einer Frau sehen, dessen Wirkung Ihnen zusagt und das auch zu Ihnen passen würde – übernehmen Sie es, probieren Sie es aus und beobachten Sie die Wirkung!

Betrachten Sie das Lernen am Vorbild als sinnvolle Ergänzung zu Ihren anderen Lernbemühungen. Wenn Sie gerade an Ihrer Mimik oder Gestik etwas verbessern wollen, dann verbessern Sie, was immer Sie möchten – und beobachten Sie ergänzend dazu, was erfolgreiche Frauen mit ihrer Mimik und Gestik anstellen. Das hilft, gibt neue Ideen und Impulse, erleichtert und beschleunigt das eigene Lernen.
Suchen Sie sich auch und gerade in der eigenen Firma Vorbilder. Schön, wenn es Frauen auf einer höheren Hierarchieebene sind. Doch wenn Sie das Auftreten einer „kleinen“ Angestellten zum Beispiel im Konflikt oder im persönlichen Gespräch beeindruckend finden, wenn Sie eine schöne, wirkungsvolle Suggestivgeste an ihr entdecken – dann seien Sie der Kollegin im Geiste dankbar und übernehmen Sie sie. Ideal ist, wenn Sie im eigenen Unternehmen eine Mentorin finden, bei der Sie abgucken können. Abgucken ist intelligentes Lernverhalten.

Abgucken ist intelligent.

Aber Vorsicht: Kopieren Sie Vorbilder nicht! Denn Kopiertes sieht eben wie eine Kopie aus: künstlich. Und künstlich wirkt nicht. Übernehmen Sie das, was zu Ihrem persönlichen Stil passt, machen Sie anderes zu Ihrem Stil passend und vergessen Sie wiederum anderes, was einfach nicht zu Ihnen passt. Übernehmen Sie nicht blind von Vorbildern, sondern nur das, was bei Ihnen authentisch wirkt.

Was machen erfolgreiche Frauen anders?

Selbst körpersprachlichen Laien fällt oft auf, dass sich erfolgreiche Frauen anders geben, anders auftreten, eine ganz andere Erscheinung abgeben. Doch was genau machen sie anders? Wenn Sie scharf hinschauen und Ihre auf den zurückliegenden Seiten erworbene körpersprachliche Kompetenz einbringen, werden Ihnen sieben Punkte auffallen. Diese sieben Punkte liegen, wen wundert's, als Schwerpunkte auch den sieben Kapiteln dieses Buches zugrunde:

- *Selbstbewusstsein und Selbstbehauptung* (siehe Kapitel 1). Was erfolgreiche Frauen *nicht* sind, ist meist auf den ersten Blick erkenntlich: Sie treten im Berufsleben eben *nicht* vorwiegend als die brave Tochter oder die ausschließlich nette Kollegin, das Vorzeige-Blondchen oder die Büromieze, die graue Maus oder das Mauerblümchen, die Ja-Sagerin oder die stumme Abnickerin, die Unscheinbare oder die Diva, die Verschlossene oder die Tratschtante in Erscheinung. Sie treten vielmehr selbstbewusst auf. Sie behaupten sich täglich bewusst und aktiv mit ihrem eigenen Stil, ihrer Kompetenz und ihren Ansprüchen in der Männerwelt. Sie lassen es buchstäblich täglich darauf ankommen. Wenn wir erfolgreiche Frauen beobachten, bekommen wir stets den Eindruck: Sie ist selbstbewusst und kann sich auch selbst behaupten. Wie macht sie das?

- *Selbstsicheres und zielbewusstes Auftreten* (siehe Kapitel 2). Frauen mit ernsthaften beruflichen Zielen merkt man diese Ziele an. Ihr Auftreten ist bewusster, wirkungsvoller. Sie sind sich der Wirkung suggestiver Körpersprache bewusst, sind sich ihrer Wirkung auf andere bewusst und setzen diese Wirkung bewusst ein, um sich das zu holen, was sie sich beruflich und gesellschaftlich an Anerkennung, Gegenleistung und Position wünschen. Sie verstecken sich nicht, sondern zeigen sich und ihr Selbstbewusstsein. Sie haben dabei den Vorteil, dass diese Demonstration nicht wie bei vielen Männern arrogant oder machohaft wirkt. Wenn eine Frau den Eindruck erweckt, dass sie das kleinste Lüftchen umwirft, dann können Sie sicher sein, dass es einer probiert. Meine Philosophie ist seit Jahren: Ich habe nur dann Erfolg, wenn ich keinerlei Zweifel aufkommen lasse, dass ich den Erfolg auch haben will. Sie können bei Ihrem Liebsten, Ihrer Mentorin, Ihrem Coach oder bei der besten Freundin auch mal schwach werden und es genießen – doch nicht im Beruf! Nicht in einem Kontext, wo es um Ihre Wünsche, Ziele und Karriere geht. Denn das bedeutet den sprichwörtlichen Schritt rückwärts, auf den in der Männerwelt noch immer viel zu viele lauern. Wie sieht dieser bemerkenswerte Auftritt erfolgreicher Frauen konkret aus?
- *Präsenz zeigen.* Erfolgreiche Frauen sind präsent, und zwar da, wo es zählt, wo es drauf ankommt, wo es was zu holen gibt, wo das Feld liegt, auf dem sie ihre Träume säen und ernten können. Sie zeigen sich auf Präsentationen, Meetings, Projektsitzungen, Besprechungen, Tagungen, Kongressen und Vorträgen sowohl als Rednerinnen als auch als Zuhörerinnen. Sie geben dort nicht die emanzipatorische Quoten-Staffage, sondern stehen ihre Frau. Sie machen den Mund auf, reden mit, übernehmen Verantwortung für sich und andere, treten ins Rampenlicht und machen dort eine gute Figur. Vielen Frauen ist der Wert solcher Veranstaltungen, vor dem sich viele Geschlechtsgenossinnen fürchten, durchaus bewusst. Etliche nennen solche Präsenzveranstaltungen „Schaulaufen“ oder „Präsentation zur Selbstpräsentation“. Genau das ist es –

doch genau darauf kommt es neben der Fachkompetenz an, wenn frau es weiterbringen möchte. Erfolgreiche Frauen haben das nicht nur verstanden, sie beherrschen es auch vorzüglich. Wenn eine Frau wirklich gut präsentieren und moderieren kann, schlägt sie die meisten Männer klar. Diese Erfahrung machen viele meiner Teilnehmerinnen bei unseren Präsentationsseminaren. Wenn Sie Kapitel 3 aufmerksam gelesen haben, wird Ihnen auffallen, dass die Körpersprache erfolgreicher Frauen auf solchen Präsenzveranstaltungen im Wesentlichen dem entspricht, was Sie dort gelesen haben.

- *Ebenbürtige Gesprächspartner.* Erfolgreiche Frauen haben in der Zweierkommunikation, also in Gesprächen mit Chefs (Gehaltserhöhung!), Kunden (Aufträge!), Kollegen (kollegiale Konkurrenz!) und Mitarbeitern (Führungsperfomance!), ein ganz anderes Auftreten als weniger erfolgreiche Frauen. Die erfolgreichsten Frauen sind aber nicht die typischen Business-Weiber, als die sie manchmal kolportiert werden. Es gibt diese toughen Xanthippen zwar auch, doch wer möchte sie wirklich zum Vorbild nehmen? Nein, die erfolgreichsten weiblichen Berufstätigen und Business-Frauen sind im Auftreten sehr charmant und höflich – aber alles andere als ein „Bückling-Automat", wie es eine meiner Coachees einmal ausdrückte: „Seit ich in Gesprächen nicht automatisch auf Rückzug schalte, fühle ich mich bedeutend besser im Beruf – und erfolgreicher bin ich damit auch!" Erfolgreiche Frauen lassen auch und gerade im beruflichen Zweiergespräch niemals Zweifel an ihrem Selbstbewusstsein, ihrer Kompetenz und ihren Zielambitionen aufkommen. Sie nutzen diese Gespräche, um Stellung zu beziehen und ihren Standpunkt klar zu machen. Da dies vorzugsweise körpersprachlich geschieht, wirkt es nicht wie bei vielen Männern, die ihre Interessen vor allem mit der großen Verbalkeule vertreten, großsprecherisch oder persönlich verletzend. Nehmen Sie die Suggestivsignale, die Sie aus Kapitel 4 kennen, und beobachten Sie einmal erfolgreiche Frauen im Gespräch: Sie werden viele der diskutierten (und andere!) Signale wiederfinden.

- *Konfliktkompetenz.* Erfolgreiche Frauen riskieren, in Konflikten als Power-Frau dazustehen – mit dem kompletten körpersprachlichen Repertoire. Hauptsache, sie gewinnen den Konflikt! Weniger erfolgreiche Kolleginnen treten den körpersprachlichen Rückzug an, lange bevor sie auch verbal ihren Standpunkt preisgeben. Erfolgreiche Frauen gehen offensiv mit Konflikten um. Das sind ihnen ihre Träume und Ziele wert! Sie gehen zwar nicht über Leichen, doch wenn es sein muss, über Leichtverletzte. Immer noch besser, als alleine den kompletten Konfliktschaden zu tragen und die Dumme zu sein. Erfolgreiche Frauen lassen sich nicht unterbuttern, sondern stehen zu sich und ihren Zielen. Das körpersprachliche Repertoire dafür kennen Sie aus Kapitel 5. Erfolgreiche Frauen nutzen es. Nutzen Sie es auch.
- *Der Blick für den anderen.* Erfolgreiche Frauen haben einen Blick für die Körpersprache des anderen. Sie wissen zum Beispiel, mit welchen Signalen sich Männer verraten, womit sie unbewusst Schwäche, Unsicherheit oder Zweifel signalisieren. Sie wissen aber auch, wo ihre Interessen und Bedürfnisse liegen, die sie eben nicht offen (sondern nonverbal) aussprechen. Erfolgreiche Frauen können den anderen anhand seiner Signale wie ein Buch lesen und auf seine versteckten Signale eingehen. Wenn Sie zum Beispiel beobachten, wie Ihr dominanter Chef seine nassforschen Verbalattacken mit nervös verkrümmten Händen Lügen straft, werden Sie sich nie wieder über seine Ausfälle aufregen oder gar davon beeindrucken lassen. Mehr noch: Sie werden auf seine latente Verunsicherung eingehen können, die Situation bereinigen und dem Chef damit noch einen Dienst erweisen. Dieser magische Blick ist nicht angeboren. Erfolgreiche Frauen haben ihn sich auch erst erwerben müssen. Das können Sie auch tun, nämlich in Kapitel 6.
- *Veränderungskompetenz.* Bei erfolgreichen Frauen kommen das virtuose Auftreten, die selbstsichere Erscheinung und der souveräne Eindruck nicht von ungefähr. Das wurde ihnen nicht in die Wiege gelegt oder in der Kinderstube mitgegeben,

wie viele Frauen oft mutmaßen. Dieser selbstsichere Auftritt kommt nicht von selbst. Erfolgreiche Frauen haben ihn sich erworben. Wie? Indem sie bewusst daran arbeiteten und das bezeichnenderweise bis zum heutigen Tag tun. Neulich sagte ein weibliches Vorstandsmitglied im Coaching: „Ich muss mal wieder mit meiner Farbberaterin über meine Garderobe reden. Ich möchte gerne etwas mehr Farbe in die Vorstandsetage bringen." Unnötige Spielerei? Nein, die Frau weiß, wie wichtig der erste Eindruck ist, den sie auf Kollegen, Kunden und Geschäftspartner macht. Sie arbeitet ständig an ihrem Auftreten. Nur so kann sie sicherstellen, dass sie immer eine gute Figur macht. Das eigene Auftreten ist nämlich kein Zustand, den man einmal herstellt und der danach für alle Ewigkeit gilt. Auftreten ist ein ständiger Prozess, den man intelligenterweise auch ständig pflegen sollte. Eine Bereichsleiterin berichtete mir, dass sie vor wichtigen Präsentationen und Meetings vor dem Spiegel steht und sich fragt: „Nehmen die mich nachher ernst?" Dabei probiert sie Mimik, Gestik, Stimmführung und Kleidung für die situationsspezifische Wirkung aus, die sie erzielen möchte.

Womit wir beim Kern dieses Kapitels angelangt sind: Wie kommen Sie zu einem selbstsicheren Auftreten? Wie eignen Sie sich das Repertoire der suggestiven Körpersprache an? Wie setzen Sie das, was Sie in den zurückliegenden Kapiteln gelesen haben, möglichst einfach, schnell und wirksam in die Tat um? Mit Ihrem persönlichen Trainingsprogramm.

Ihr Trainingsprogramm: Wählen Sie Ihre Veränderungsstrategie

Vieles von dem, was Sie in den vorangegangenen Kapiteln gelesen haben, wird Ihnen eingeleuchtet haben, wenn nicht bekannt vorgekommen sein. „Kenne ich, ist nichts Neues.“ Was ist das? Eine Meinung. Es ist nebenbei auch eine Veränderungsstrategie, die übersetzt lautet: „Da ich es bereits kenne und verstehe, brauche ich nichts weiter zu tun.“ Wie erfolgreich ist diese Strategie? Wie erfolgreich wäre sie, wenn Sie ein Haus bauen oder einen Kuchen backen würden? Die Strategie würde scheitern. Denn vom Kennen und Verstehen eines Kuchenrezepts allein bäckt sich kein Kuchen (so schön und zeitsparend das manchmal auch wäre).

Viele Frauen, mit denen ich mich unterhalte, meinen zum Beispiel: „Jaja, das kenne ich. In Konflikten senden Frauen zu viele Rückzugssignale.“ Dann gehen sie raus und wenn ich sie zufällig bald darauf in einem Konflikt beobachte, tun sie genau das, worüber sie geredet haben: nonverbal die weiße Fahne schwenken, während sie verbal noch um eine Position kämpfen, die ihr Körper bereits Minuten vorher aufgegeben hat. Wissen heißt nicht machen.

Wissen heißt noch lange nicht machen.

Erfolgreiche Frauen wissen in dieser Hinsicht nicht mehr als andere Frauen. Sie kennen nicht mehr oder die besseren Suggestivsignale. Sie sind weder intelligenter noch attraktiver, wie oft und gern (als Schutzbehauptung) gesagt wird. Sie haben nur einen einzigen Vorteil: die richtige Veränderungsstrategie. Sie *wissen* nicht nur, wie die Körpersprache einer erfolgreichen Frau aussieht, sie setzen dieses Wissen auch in die Tat um.

Wissen macht gebildet – Tun macht erfolgreich

Wenn Sie wirklich etwas in Ihrem Leben verändern möchten, dann wählen Sie eine Veränderungsstrategie, die tatsächlich auch etwas verändert. Das klingt nach viel Aufwand und harter Arbeit? Das muss es nicht sein. Es gibt Veränderungsstrategien, die weder einen unbilligen Aufwand noch übergroße Härte gegen sich selbst verlangen, darüber hinaus einfach und leicht und allgemein bekannt sind.

Fangen Sie klein an!

Eine der besten Veränderungsstrategien ist immer noch: Fangen Sie mit etwas ganz Kleinem an! Diese Strategie klingt trivial, doch auf exakt dieses Triviale kommen viele Frauen nicht, die nach der Lektüre eines Ratgebers beschließen: „Jetzt krempie ich mein Leben um!“ Allein mit diesem Vorsatz reduziert sich bereits ihre Erfolgswahrscheinlichkeit auf nahezu null. Denn diesen Kampf an allen Fronten können sie nur verlieren, weil er sie überfordert und durch die Vielzahl der Frustrationserlebnisse vom Weitermachen abhält.

Fangen Sie also klein an. Zwängen Sie sich dabei nicht in ein Korsett. Veränderungsprozesse sind dann am angenehmsten und gleichzeitig am erfolgreichsten, wenn sie organisch fließen. Suchen Sie sich deshalb für den ersten kleinen Schritt ruhig etwas aus, das Sie sich bei der Lektüre der vorangegangenen Kapitel (geistig) markiert haben. Ist es für den Anfang klein genug? Dann gehen Sie es an. Im Zweifelsfall wählen Sie Ihr erstes Ziel lieber ein wenig kleiner. Das ist nicht kleinmütig, sondern intelligent. Denn ein Scheitern an großen Zielen ist ärgerlich und ein kleiner Erfolg in kleinen Dingen ist wertvoll. Da Ihr erstes Veränderungsziel so klein ist, wird es bald einen Anfangserfolg geben. Dieser Erfolg beflügelt Sie zum nächsten Schritt – und so weiter. Sie sehen: Wenn Sie Ihre Erfolge klug planen, werden Sie immer welche haben, die Sie motivieren, neue Erfolge anzustreben.

Planen Sie Ihre Erfolge!

Da ich aus Seminaren und Coachings weiß, dass viele Frauen bei der Entscheidung, was „klein“ ist und was nicht, vor lauter Ehrgeiz zu hoch greifen, hier einige Beispiele:

Zu großes Ziel	Passendes kleines Ziel
„Ich lasse mich in Meetings nicht mehr unterbuttern!“	„Ich setze meinen Standpunkt in Meetings künftig doppelt so oft durch wie bisher.“
„Ich gewöhne mir in Stresssituationen meine flatternden Hände ab.“	„Unter Stress achte ich besser auf meine Hände und zügle sie, so weit es geht.“
„In Konflikten zeige ich keine Rückzugssignale mehr!“	„Ich halte auch in Konflikten unverwandt Blickkontakt.“
„Ich falle nicht länger auf Dominanzgebärden herein!“	„Ich gewöhne mir an, Dominanzgebärden bewusst wahrzunehmen, anstatt unbewusst darauf hereinzufallen.“

Stellen Sie Ärgernisse ab!

Wenn Sie etwas angehen, das Sie schon lange an Ihrem Auftreten ärgert, dann liefert dieser Ärger die nötige Energie und Motivation für eine erfolgreiche Veränderung. Viele Frauen in meinen Seminaren sagen zum Beispiel am Ende des Seminars:

Absichtserklärungen

- „Ich möchte in Meetings endlich den Mund öfter und entschiedener aufmachen.“
- „Es ärgert mich, dass mich wohlmeinende Kollegen oft unterbrechen. Damit ist jetzt Schluss!“
- „Wenn mir jetzt einer krumm kommt, werde ich Blickkontakt halten und Stärke zeigen!“

Schon bei diesen Absichtserklärungen spürt man förmlich, dass ausreichend Energie vorhanden ist, um diese Absichten wahr werden zu lassen. Ärger ist, klug eingesetzt, ein hervorragender

Energielieferant für Veränderungen. Gefühle sind ohnehin die besten Motivatoren.
Wenn Sie eine dieser beiden Veränderungsstrategien wählen (Sie können beide auch kombinieren oder abwechseln), machen Sie sich keine Sorgen, dass Sie zu klein anfangen oder wichtige Dinge vergessen: Körpersprache ist ein ganzheitliches Thema. Wenn Sie an einem kleinen Zipfelchen oder einem Ärgernis beginnen, kommen Sie automatisch durch das ganze große Feld, weil jedes Teilthema direkt oder indirekt mit vielen anderen Themen verbunden ist. Wer zum Beispiel an seinem Auftreten bei Präsentationen arbeitet (siehe Kapitel 3), wird früher oder später automatisch darauf kommen, dass das eigene Auftreten umso wirkungsvoller wird, je besser die Signale der anderen wahrgenommen, verstanden und respektiert werden (siehe Kapitel 6).
Wenn Sie dennoch etwas methodischer und systematischer vorgehen möchten, können Sie sich auch an die folgende Universalstrategie für körpersprachliche Veränderungen halten, die wir im Folgenden genauer betrachten:

Die Universalstrategie

- Ehrliche Bestandsaufnahme: Wie wirken Sie?
- Wählen Sie Ihre Prioritäten.
- Bleiben Sie authentisch.
- Beobachten Sie Ihre Wirkung.
- Verändern Sie Ihr Auftreten, bis die Wirkung stimmt.

Wie wirken Sie?

Ein altes Sprichwort sagt: „Wie du kommst gegangen, so du wirst empfangen." Wenn Sie als Mauerblümchen oder einfach nur nette Kollegin gegangen kommen, werden Sie auch als Mauerblümchen oder einfach nur nette Kollegin empfangen und behandelt. Viele Frauen wundern sich, warum sie sich nicht durchsetzen können oder einfach nicht ernst genommen werden. Ein

sicheres Zeichen dafür, dass sie dieses Sprichwort nicht kennen oder nicht anwenden können: Sie sind sich ihrer Wirkung auf andere nicht bewusst. Sie sind eine graue Maus oder einfach nur und ausschließlich nett – bemerken diese Wirkung auf andere jedoch nicht! Das ist das eigentlich Tragische an der oft übersehenen Bedeutung der Körpersprache: Viele Frauen bemerken recht schmerzlich, dass sie nicht ernst genommen werden, sich in bestimmten Situationen nicht durchsetzen können. Das sind die Symptome einer misslichen Lage. Die Ursachen werden selten erkannt: das eigene Auftreten und dessen Wirkung auf andere.
Deshalb ist der erste Schritt zum Erwerb suggestiver Körpersprache eine ehrliche und schonungslose Bestandsaufnahme. Bestand aufnehmen bedeutet immer, sich tiefergehende Fragen zu stellen, sie auszuhalten und ehrliche Antworten darauf zu geben:

Bestandsaufnahme

- Wie wirken Sie generell auf andere?
- Was strahlen Sie im Allgemeinen aus?
- Wie wirken Sie auf sich und wie (im Gegensatz dazu?) auf andere?
- Wie wirken Sie auf andere in den Situationen, auf die es Ihnen hauptsächlich ankommt?
- Welches Feedback geben Ihnen andere zu Ihrer Außenwirkung (das Sie möglicherweise bislang ignoriert haben – was verzeihlich ist)?
- Wie reagieren andere auf Sie?
- Ist dies die Reaktion, die Sie erzielen möchten?

Gewiss, diese Fragen sind etwas heikel. Sie erfordern einen mutigen Sprung über den eigenen Schatten. Sie erfordern den sprichwörtlichen inneren Ruck, weil die Antworten oft unangenehme Einsichten bieten. Doch Einsicht ist der erste Schritt zur Besserung.

> Wenn Sie in bestimmten Situationen nicht zufrieden sind mit Ihrer Wirkung auf andere, sollten Sie an der Ursache für diese Wirkung ansetzen: an Ihrem Auftreten.

Ohne diese Einsicht gibt es keine Veränderung. Haben Sie diese wertvolle Einsicht einmal gewonnen, gibt sie Ihnen auch Mut und Kraft, tatsächlich etwas zu ändern.
Neulich sagte Sylvia, eine Coachee: „Stimmt eigentlich. So langsam, wie ich mich auf den Firmenfluren bewege, denken sicher einige, dass man mir im Gehen die Hosen flicken kann!“ Das schmerzt – doch seither geht sie schnellen, entschlossenen, dynamischen Schrittes auf dem Firmengelände einher (auch wenn sie sich lediglich einen Kaffee holt) – und hat dazu schon Feedback bekommen. Ein Kollege sagte: „Was ist denn neuerdings mit dir los? Hast wohl ein superwichtiges Projekt in der Mache?“ Diese Wirkung wollte Sylvia erreichen. Für sie haben sich die ehrliche Bestandsaufnahme und der Einsatz des Suggestivsignals bereits gelohnt.
Sylvia erledigte jahrelang ihre Aufgaben mit hoher Kompetenz und noch höherem Engagement. Das wurde ihrer Ansicht nach nicht ausreichend honoriert, sie wurde ihrer Meinung nach nicht ernst genug genommen. Nicht, weil man mit ihrer Arbeit nicht zufrieden gewesen wäre, sondern weil – wie die körpersprachliche Bestandsaufnahme zeigte – sie unter anderem im Tempo einer Wanderdüne über die Flure schlich (in Meetings war die Körpersprache auch nicht dynamischer). Seit einiger Zeit hat sich das geändert. Sie wird beachtet, anders angeredet, mit Respekt behandelt, manchmal sogar als „wichtig“ wahrgenommen – und sie hat dafür kein Jota an ihrer Arbeit geändert! Sie hat „lediglich“ ihren Auftritt verändert. Und schon wird sie anders behandelt. Weil sie anders auftritt. Das mag uns vielleicht ungerecht vorkommen. Sylvia dagegen könnte nicht zufriedener sein mit ihrem neuen Auftritt, ihrer neuen Wirkung und ihrem neuen Image im Betrieb.

Manchmal reichen für eine ehrliche körpersprachliche Selbsteinschätzung die eigenen Ressourcen, sprich Mut und Wahrnehmung, nicht aus. Dann bitten Sie einfach Ihre Mentorin (unbedingt zulegen, falls möglich), die beste Freundin, eine Netzwerkkollegin aus dem Frauennetzwerk (unbedingt teilnehmen!), eine professionelle Körpersprache-Trainerin oder einen Business-Coach (selbstverständlich einen weiblichen Coach) um Unterstützung.

Wählen Sie Ihre Prioritäten

Bei der schonungslosen Bestandsaufnahme Ihrer körpersprachlichen Wirkung notieren Sie jeden Punkt, der verbesserungswürdig ist. Machen Sie eine Liste, möglichst am Computer. Denn dann können Sie am Bildschirm die Liste in jene Reihenfolge bringen, die Ihren Prioritäten entspricht. Wie Sie diese Prioritäten setzen, steht Ihnen frei. Machen Sie es aus dem Bauch oder nach ganz vernünftigen Kriterien: die fünf wichtigsten Punkte, die Sie zuerst an Ihrem Auftreten verbessern möchten.

Dann beginnen Sie bei der obersten Priorität und arbeiten sich bis zur letzten durch – wenn Ihnen ein derart strukturiertes Vorgehen liegt. Wenn nicht, wählen Sie Ihre eigene Veränderungsstrategie. Denn eine eigene Strategie ist immer noch mehr wert (weil sie bessere Ergebnisse bringt) als eine fremde, die Ihnen nicht liegt. Bearbeiten Sie die aktuelle Priorität, bis Sie mit dem Ergebnis zufrieden sind.

Eine Coachee wollte sich unlängst zum Beispiel dringend ihre „flatterhaften Hände“ bei Präsentationen abgewöhnen, das heißt sparsamere Gesten verwenden. Diese oberste Priorität erwies sich als sehr zäh: Nach drei Wochen und zwei Präsentationen flatterten die Hände immer noch. Nach drei Monaten und vier weiteren Präsentationen hatte sie ihre Hände endlich sichtbar beruhigt. Danach packte sie die zweite Priorität an – die schon nach einer Woche zur Zufriedenheit funktionierte. Jede Priorität hat ihre eigene Reifezeit.

Bleiben Sie authentisch

Vermeiden Sie auf jeden Fall den häufigsten Fehler bei körpersprachlichen Veränderungsversuchen: das Einstudieren von Mimik oder Körperhaltung, das verkrampfte Feilen an bestimmten Gesten. Sehr schlechte Ratgeber raten explizit dazu. Das sieht dann selbst für den Laien aufgepfropft und unecht aus. Keine Wirkung, die Sie erzielen möchten. Weniger schlechte Ratgeber implizieren das Einstudieren lediglich, indem sie zum Beispiel suggerieren: „Verschränkte Arme signalisieren Standfestigkeit." Daraus schließen dann viele: „Wenn ich die Arme verschränke, sieht mein Gegenüber, dass ich auf keinen Fall nachgebe." Haben Sie schon einmal einen Mann beobachtet, der einer Frau gegenübersteht, die die Arme verschränkt hat? Worauf hat er geblickt? Ist das die Wirkung, die frau erzielen möchte?

!

Egal welche suggestiven Körpersignale Sie künftig einsetzen möchten: Bleiben Sie unter allen Umständen authentisch!

Kopieren Sie nichts, das nicht zu Ihnen passt!

Übernehmen Sie nichts, was sich für Sie nicht echt anfühlt. Kopieren Sie keine Posen oder Gesten, deren Sinn und vor allem deren Wirkung Ihnen nicht völlig einleuchtet und die wirklich zu Ihnen passen. Studieren Sie bloß keine Gesten ein, auch keine so genannten Power Moves – von denen Männer nach schlechten Körpersprache-Trainings oft ganz begeistert sind (bis sie sich damit der Lächerlichkeit preisgeben). Eine kleine, authentische Geste ist besser als jede große, einstudierte Geste. Menschen haben nämlich ein feines Gespür für das Unechte.

Wenn bei der Bestandsaufnahme (s.o.) zum Beispiel herauskam, dass Sie im beruflichen Kontext häufig ausdruckslose, unsichere, verkrampft wirkende Hände haben, dann fangen Sie bloß nicht an, wie ein Italiener (nichts gegen Italiener!) zu gestikulieren! Eben weil das nicht zu Ihnen passt, ernten Sie damit nur Befremden und unfreiwillige Heiterkeit. Bleiben Sie authentisch, das heißt: Weniger ist mehr. Bewegen Sie Ihre Hände zunächst nur um ein Weniges mehr – vorsichtig, dosiert, wohl überlegt. Wenn Sie nicht wissen, welche Gestik, Mimik oder Haltung für Sie authentisch ist, dann beobachten Sie sich einfach im privaten Kontext, wenn Sie gut drauf sind: Welche Körpersignale senden Sie da, die dem verbesserungswürdigen Signal im beruflichen Kontext entsprechen? Dann übernehmen Sie dieses Signal vom privaten in den beruflichen Bereich, eventuell nach einer kleinen Anpassung.

Denken Sie dran: Der Spiegel ist Ihr bester Freund, wenn Sie an Ihrer Körpersprache, Ihrem Auftreten etwas verbessern möchten. Vertrauen Sie Ihrem Urteil vor dem Spiegel: Wenn Ihnen der Spiegel ein gekünsteltes Bild zeigt, dann wirkt es auch auf andere gekünstelt.

Authentisch bleiben heißt: Ändern Sie nicht gleich Ihren kompletten Typus. Sie müssen nicht zur dynamischen Powerfrau werden, wenn Sie das einfach nicht sind. Sie müssen sich nicht verbiegen. Verbiegen ist ohnehin das erfolgloseste Körpersignal, weil es immer durchschaut wird. Bringen Sie das, was Sie ohnehin sind, etwas deutlicher, pointierter, bewusster zur Geltung. Unterstreichen Sie einfach das, was Sie schon sind. Damit erzielen Sie die beste Wirkung. Denn Sie haben Persönlichkeit genug. Sie sollten sie lediglich besser, wirkungsvoller zur Geltung bringen …

Beobachten Sie Ihre Wirkung

Egal was Sie an Ihrem Auftritt ändern, welche suggestiven Körpersignale Sie ausprobieren: Beobachten Sie mit wachen Augen Ihre Wirkung! Klingt trivial, doch hier wird recht häufig ein Anfängerfehler begangen. Viele, die neue Signale ausprobieren, probieren diese im Vorgefühl des sicheren Erfolgs aus – und merken dann gar nicht, dass das Signal nach hinten losgeht.

!

Das Wichtigste bei der suggestiven Körpersprache sind nicht die suggestiven Signale, sondern die Wirkung, die sie erzielen.

Also achten Sie am schärfsten und intensivsten auf die Wirkung, die Sie erzielen. Herausragendes Merkmal von Meisterinnen der suggestiven Körpersprache ist eben nicht, dass sie Magic Moves, magische Gesten, Power Moves und eine verzaubernde Mimik „draufhaben" – das wäre Schauspielerei –, sondern dass sie sofort wahrnehmen (oft noch, bevor der andere das bewusst wahrnimmt), welche Wirkung ein Suggestivsignal gerade erzielt – und dann sofort ein anderes, verbessertes Signal einsetzen, um die gewünschte Wirkung zu verstärken.

Verändern Sie Ihre Signale

Körpersprache ist ein stiller Tanz.

Aus diesem ständigen Wechsel von Signalgeben und Beobachten der eigenen Wirkung ergibt sich geradezu ein körpersprachlicher Tanz: Sie geben dem Gegenüber ein Signal, der Partner reagiert, Sie gehen auf diese Reaktion ein und geben ein neues Signal, der Partner reagiert erneut – und so weiter. Wir erkennen daran, dass suggestive Körpersprache ein stiller Tanz, ein sehr harmonisches Kommunikationsmittel ist, das zu einem starken gegenseitigen

Verständnis, einem guten Klima und einer stabilen Gesprächsbeziehung führt.
Wichtig dabei wiederum ist nicht, dass Sie suggestive Signale senden, sondern dass Sie diese immer wieder erneut an die wechselnden Verfassungen des Partners anpassen – wie bei jedem guten Tanz.

Gute Signale!

Wenn Sie auch nur einige der Anregungen, die Sie beim Lesen dieses Buches aufgenommen haben, an Ihrem Arbeitsplatz umsetzen, werden Sie erleben, was mir Seminarteilnehmerinnen und Coachees immer wieder berichten: Chefs, Kollegen, Mitarbeiter und Kunden begegnen Ihnen ganz anders, sobald Sie Ihr Auftreten verbessern. Sie bekommen anerkennendes Feedback, manchmal auch fragendes Feedback: „Was ist mit dir los? Du bist neuerdings so ...!" Sie werden ernst genommen, bekommen mehr Anerkennung und Respekt. Sie bekommen eher, leichter, schneller und mehr von dem, was Sie sich wünschen. Das ist die Außenwirkung.
Die Innenwirkung eines verbesserten Auftretens wird von vielen Frauen als fast noch nützlicher angesehen. Ein souveräner Auftritt in allen Situationen macht weniger anfällig für Stress und Druck, gelassener, ausdrucksstärker, selbstsicherer, selbstbewusster. Die äußere Haltung verleiht auch eine stabilere innere Haltung. Man bleibt auch im dicksten Trubel immer bei sich, bleibt „zentriert", lebt aus der Mitte. Sie werden sich ausgeglichener, standfester, mehr von sich selbst überzeugt fühlen.
Das alles und mehr werden Sie erleben, wenn Sie Ihren Auftritt, Ihre Körpersprache in Zukunft immer weniger dem Zufall überlassen – wenn es drauf ankommt. Natürlich werden Sie sich im privaten Kontext, eben wenn es nicht drauf ankommt, auch weiterhin ungezwungen und locker geben. Obwohl viele Frauen sa-

gen: „Selbst im Privaten hat es mir gut getan, mehr auf meine und vor allem mehr auf die Körpersprache der Menschen in meiner Umgebung zu achten." Doch im Allgemeinen können Sie privat ruhig mal „die Zügel schleifen lassen". Entscheidend ist allein, dass Sie, wenn es drauf ankommt, Ihre Wahrnehmung für die Körpersprache aktivieren und Ihr Auftreten bewusst gestalten.

Sobald Sie im Beruf ein Ziel verfolgen: Schalten Sie Ihr Körpersprache-Know-how ein! Damit Sie Ihr Ziel leichter und schneller erreichen.

An den Reaktionen der anderen werden Sie Ihre Fortschritte erkennen – auch wenn den anderen oft nicht bewusst ist, was Sie da tun. Das ist auch nicht nötig. Hauptsache, Ihre Suggestivsignale erreichen ihre Wirkung.

Sie müssen nicht immer auf Ihre Körpersprache achten – aber immer dann, wenn's drauf ankommt!

Es ist übrigens nicht wichtig, wie Sie sich Ihre Kompetenz in Körpersprache erwerben. Die gerade beendete Lektüre mit etwas anschließender Übung ist für Autodidakten genauso geeignet wie für eher Extravertierte der Besuch eines Seminars oder für die Anspruchsvollen ein Coaching. Hauptsache, Sie arbeiten auf die eine oder andere Weise an Ihrem Auftreten. Wenn ich Sie dabei unterstützen kann, mache ich das natürlich gerne.

Dr. Cornelia Topf
metatalk Kommunikation + Training
Weichselweg 1
86169 Augsburg
Telefon 08 21-70 48 82
E-Mail: info@metatalk-training.de
Homepage: www.metatalk-training.de

Stichwortverzeichnis